Abhandlungen

des

kriminalistischen Seminars

an der Universität Berlin.

Herausgegeben

von

Dr. Franz v. Liszt,

ord. Professor der Rechte zu Berlin.

Neue Folge. Sechster Band. 1. Heft.

Siegfried Bleeck: Die Majestätsbeleidigung.

Berlin 1909.

J. Guttentag, Verlagsbuchhandlung,

G. m. b. H.

Die Majestätsbeleidigung

im geltenden deutschen Strafgesetz

(Strafgesetzbuch vom 26. Februar 1876
— Gesetz vom 17. Februar 1908).

Von

Siegfried Bleeck.

Berlin 1909.

J. Guttentag, Verlagsbuchhandlung,

G. m. b. H.

Inhalt.

1. Begrenzung der Aufgabe.

Die Aufgabe, die diese Arbeit sich setzt, ist äußerst bescheiden. Sie will feststellen, was das deutsche Gesetzesrecht über die Bestrafung der Majestätsbeleidigung sagt, — nur was das Gesetz sagt. Sie will, um in Stammlers[1]) Sprache zu reden, nicht nur technisch arbeiten, sondern geradezu formalistische Rechtserörterung treiben.

Es soll nicht entschieden werden, ob das, was sie als Gesetzesinhalt ermittelt, der Inhalt des Rechts ist, ob sie die Regel für die Rechtsanwendung erschöpfend findet.

Das Strafgesetzbuch beansprucht zwar Vollständigkeit. Der Satz nullum crimen sine lege (Strafgesetzbuch für das deutsche Reich[2]) § 2 Abs. 1) in Verbindung mit dem Legalitätsprinzip für die Strafverfolgung bedeutet, daß nur das, aber auch alles das bestraft werden soll, was im Gesetz als strafbare Handlung bezeichnet ist. Dennoch wäre es denkbar, daß man dem Richter nicht zumuten dürfte, Handlungen zu bestrafen, die nicht rechtswidrig im Sinne eines vernünftigen Rechts, nicht schuldhaft im Sinne eines von ihm als allgemein giltig empfundenen oder erkannten Sittengesetzes sind.

Die Lehre des Strafrechts hat sich jedenfalls noch nicht dazu verstanden, den reinen Gesetzesinhalt als das ganze Strafrecht anzusehen und ihn allein darzustellen. Besonders im allgemeinen Teil der Strafrechtslehre finden sich bei dem einen Schriftsteller mehr, bei dem andern weniger Elemente der theoretischen Rechtswissenschaft vermischt mit Elementen der Gesetzeskunde. Über

---

[1]) Stammler, Die Lehre vom richtigen Recht, — Berlin, 1902 — Einleitung.

[2]) Reichsgesetzblatt Nr. 1123 — 1876 (Berlin 1876), 40 (Nr. 6). Bekanntmachung des Reichskanzlers vom 26. Februar 1876.

Schuld und Rechtswidrigkeit werden Ausführungen gemacht, die nur zum Teil im Gesetz ihre Stütze haben, zum andern Teil aus der Vernunft, der Geschichte, der Rechtstheorie abgeleitet werden. Die allgemeinen Sätze, die so unter Mitwirkung rechtstheoretischer Erwägungen entstanden sind, äußern dann ihre Wirkung auch in der Lehre von den einzelnen strafbaren Handlungen. Aber auch darüber hinaus finden sich auch in diesem Teil der Strafrechtslehre vielfach Erörterungen, die an den vernünftigen Willen des Gesetzgebers anknüpfen.

Dem Gesetz aber einen vernünftigen Willen des Gesetzgebers, überhaupt einen Willen des Gesetzgebers unterlegen, heißt, bei der Auslegung ein Element verwenden, das es im Gesetz nicht gibt. Man mußte im gemeinen Recht mit allgemeinen Erwägungen arbeiten, weil dies nicht hinreichend festgeformte Sätze enthielt. Vielleicht darf man den vernünftigen Willen des Gesetzgebers da berücksichtigen, wo es einen Gesetzgeber gibt, etwa in der absoluten Monarchie, in der der Monarch das Gesetz gibt. Das Staatsrecht des deutschen Reiches kennt keinen Gesetzgeber, sondern nur die Gesetze, die zwischen der Verkündungsformel und der Unterschrift im Reichsgesetzblatt oder den Publikationsorganen der Einzelstaaten stehen. Der Wortlaut, nicht ein ihm zugrunde liegender Wille, ist in übereinstimmenden Beschlüssen der gesetzgebenden Faktoren zustande gekommen. Das Gesetz auslegen heißt ermitteln, was der Inhalt seiner Worte ist. Zusammenhängende Gesetze müssen dabei im Zusammenhang verstanden, auch das ganze Gesetzesmaterial muß als ein Ganzes betrachtet werden, nicht weil der Staat als einheitliche Organisation der Staatsgenossen vernünftigerweise als ein vernünftiges Ganzes angesehen werden muß, sondern weil die Gesetzgebung mit den technischen Ausdrücken, die sie gebraucht, mit den technischen Formen, die ihr eigen sind, ein Ganzes tatsächlich ist.

Für andere Rechtsgebiete als das Strafrecht, die zum Teil mit ungesetztem Recht arbeiten, mag die Gesetzeskunde allein von geringerer Bedeutung sein. Aber außerhalb des Strafrechts so gut wie im Strafrecht heißt auf übergesetzliches Recht verweisen, nicht, das Gesetz auslegen, nicht, den vernünftigen oder wahren Willen des Gesetzgebers feststellen. Mit dem Hinweis auf übergesetzliches Recht wird vielmehr der vernünftige Wille des Richters angerufen, er wird aufgefordert, unabhängig vom Gesetz das Recht frei zu finden. Außergesetzliches, vernünftiges, richtiges Recht zu kennen, mag für den Richter die Rettung in der Not sein, wo das Gesetz ungerecht oder hart ist. Die Darstellung solchen Rechts ist aber nicht Erläuterung des Gesetzes. Den Inhalt des Gesetzes allein zu erkennen, wird man aber gerade im Strafrecht immerhin für wichtig halten müssen. Die Festigkeit gesetzten Strafrechts hat für die Freiheit des einzelnen und für den Schutz der Gesamtheit gegen Übergriffe der Einzelnen einen Wert auch gegenüber der Frage, welche Entscheidung im einzelnen Fall vom Standpunkt der gerechten Regelung des Zusammenlebens der Staatsgenossen aus richtig sei. Selbst, wo das Strafrecht ungerecht ist, wird es, wenn auch vielleicht nicht immer richtig, so doch mindestens oft richtiger sein, mit der Anwendung des ungerechten Strafrechts die Einsicht der gesetzgebenden Faktoren anzurufen, als durch Unterstellung der Richtigkeit des Rechts in das Gesetz hineinzutragen, was nicht in ihm liegt, und damit seine Festigkeit zu erschüttern [1]).

Nur den Inhalt des Gesetzes zu erkennen, soweit es Regeln über die Bestrafung der Majestätsbeleidigung gibt, soll die Aufgabe dieser Arbeit sein. Ob das Gesetz richtig ist, das zu untersuchen, wird die Aufgabe einer Erörterung bilden müssen, die fragt, wie überhaupt richtiges Recht ermittelt werden kann, und dann in der Art, die sie ermittelt hat, nach dem richtigen Recht sucht.

2. Der Kunstausdruck Majestätsbeleidigung im Gesetz.

I. Die Aufnahme des Ausdruckes Majestätsbeleidigung in das Gesetz.

Das Wort Majestätsbeleidigung war dem wissenschaftlichen und volkstümlichen Sprachgebrauch seit langem bekannt. Man

[1]) Zu beachten sind freilich auch Bindings Ausführungen über den Schaden des Verbots der Analogie und die Aufgaben der Wissenschaft gegenüber dem Recht (Lehrbuch des gemein. deutsch. Strafrechts, besond. Teil 1² — Leipzig 1902 — 20 ff. — § 6; Handbuch des Strafrechts — Systematisches Handbuch der deutschen Rechtswissenschaft, herausgegeben von Binding, 7. Abteilung, 1. Teil — 1 — Leipzig 1885 — 15-37.) Jedenfalls fordert auch er in aller Schärfe strenge Erkenntnis des Gesetzes, ohne Rücksicht auf die Wünsche des Auslegenden.

bezeichnete damit, ohne dem Wort eine strenge Bedeutung zu geben, die im zweiten und dritten Abschnitt des Deutschen Reichsstrafgesetzbuches bezeichneten Vergehen[1]). Auch die ältere Ge-

---

[1]) § 94: Wer einer Tätlichkeit gegen den Kaiser, gegen seinen Landesherrn oder während seines Aufenthalts in einem Bundesstaate gegen den Landesherrn dieses Staates sich schuldig macht, wird mit lebenslänglichem Zuchthaus oder lebenslänglicher Festungshaft, in minder schweren Fällen mit Zuchthaus nicht unter fünf Jahren oder mit Festungshaft von gleicher Dauer bestraft. Neben der Festungshaft kann auf Verlust der bekleideten öffentlichen Ämter, sowie der aus öffentlichen Wahlen hervorgegangenen Rechte erkannt werden.

Sind mildernde Umstände vorhanden, so tritt Festungshaft nicht unter fünf Jahren ein.

§ 95: Wer den Kaiser, seinen Landesherrn oder während seines Aufenthalts in einem Bundesstaate dessen Landesherrn beleidigt, wird mit Gefängnis nicht unter zwei Monaten oder mit Festungshaft von zwei Monaten bis zu fünf Jahren bestraft.

Neben der Gefängnisstrafe kann auf Verlust der bekleideten öffentlichen Ämter, sowie der aus öffentlichen Wahlen hervorgegangenen Rechte erkannt werden.

§ 96. Wer einer Tätlichkeit gegen ein Mitglied des landesherrlichen Hauses seines Staates oder gegen den Regenten seines Staats oder während seines Aufenthalts in einem Bundesstaat einer Tätlichkeit gegen ein Mitglied des landesherrlichen Hauses dieses Staats oder gegen den Regenten dieses Staats sich schuldig macht, wird mit Zuchthaus nicht unter fünf Jahren oder mit Festungshaft von gleicher Dauer, in minder schweren Fällen mit Zuchthaus bis zu fünf Jahren oder mit Festungshaft von gleicher Dauer bestraft.

Sind mildernde Umstände vorhanden, so tritt Festungshaft von einem bis zu fünf Jahren ein.

§ 97. Wer ein Mitglied des landesherrlichen Hauses seines Staats oder den Regenten seines Staats oder während seines Aufenthalts in einem Bundesstaate ein Mitglied des landesherrlichen Hauses dieses Staats oder den Regenten dieses Staats beleidigt, wird mit Gefängnis von einem Monat bis zu drei Jahren oder mit Festungshaft von gleicher Dauer bestraft.

§ 98. Wer außer dem Fall des § 94 sich einer Tätlichkeit gegen einen Bundesfürsten schuldig macht, wird mit Zuchthaus von zwei bis zu zehn Jahren oder mit Festungshaft von gleicher Dauer bestraft.

Sind mildernde Umstände vorhanden, so tritt Festungshaft von sechs Monaten bis zu zehn Jahren ein.

§ 99. Wer außer dem Fall des § 95 einen Bundesfürsten beleidigt, wird mit Gefängnis von einem Monat bis zu drei Jahren oder mit Festungshaft von gleicher Dauer bestraft.

Die Verfolgung tritt nur mit Ermächtigung des Beleidigten ein.

§ 100. Wer außer dem Fall des § 96 sich einer Tätlichkeit gegen ein Mitglied eines bundesfürstlichen Hauses oder den Regenten eines Bundesstaats schuldig macht, wird mit Zuchthaus bis zu fünf Jahren oder mit Festungshaft von gleicher Dauer bestraft.

setzessprache kannte die Majestätsbeleidigung, das Verbrechen der beleidigten Majestät, das crimen laesae maiestatis. Freilich bedeuteten diese Ausdrücke im alten Recht nicht das, was heute als Majestätsbeleidigung bezeichnet wird. Dem Reichsstrafrecht war der Ausdruck Majestätsbeleidigung bisher unbekannt.

Der zweite und dritte Abschnitt des zweiten Teils des Strafgesetzbuchs für das deutsche Reich tragen die Überschriften: Beleidigung des Landesherrn, Beleidigung von Bundesfürsten. Jeder dieser Abschnitte umfaßt vier Paragraphen (94 bis 97, 98—101. Je zwei dieser acht Paragraphen (94, 95; 96, 97, 98; 99; 100, 101) gehören insofern zusammen, als sie strafbare Handlungen gegen dieselben Personen bezeichnen[1]). In allen vier Gruppen ist die im ersten Paragraphen unter Strafe gestellte Handlung bezeichnet mit den Worten: „wer einer Tätlichkeit sich schuldig macht" (im dritten Abschnitt sind dabei die Worte ohne ersichtlichen Grund umgestellt: „wer sich einer Tätlichkeit schuldig macht"). Die im zweiten Paragraphen jeder Gruppe unter Strafe gestellte Handlung ist mit den Worten bezeichnet: „wer beleidigt".

Für die Vergehen der zweiten Art (§§ 95, 97, 99, 101) hat das Gesetz, betreffend die Bestrafung der Majestätsbeleidigung vom 17. Februar 1908[2]) den Ausdruck Majestätsbeleidigung in

---

Sind mildernde Umstände vorhanden, so tritt Festungshaft von einem Monat bis zu drei Jahren ein.

§ 101. Wer außer dem Fall des § 97 den Regenten eines Bundesstaates beleidigt, wird mit Gefängnis von einer Woche bis zu zwei Jahren oder mit Festungshaft von gleicher Dauer bestraft.

Die Verfolgung tritt nur mit Ermächtigung des Beleidigten ein.

[1]) Nur Paragraph 101 belegt allein ein Vergehen gegen den Regenten eines Bundesstaats mit Strafe, während Paragraph 100 neben Handlungen gegen den Regenten auch Handlungen gegen ein Mitglied eines bundesfürstlichen Hauses mit Strafe bedroht.

[2]) Reichsgesetzblatt Nr. 3415 — 1908 (Berlin 1908) 25 (Nr. 7):

Für die Verfolgung und Bestrafung der in den §§ 95, 97, 99, 101 des Strafgesetzbuchs bezeichneten Vergehen gelten nachstehende Vorschriften:

Die Beleidigung ist nur dann auf Grund der §§ 95, 97, 99, 101 strafbar, wenn sie in der Absicht der Ehrverletzung, böswillig und mit Überlegung begangen wird. Sind in den Fällen der §§ 95, 97, 99 mildernde Umstände vorhanden, so kann die Gefängnisstrafe bis auf eine Woche ermäßigt werden.

Im Falle des § 95 kann neben der Gefängnisstrafe anf Verlust der bekleideten öffentlichen Ämter erkannt werden.

die Gesetzessprache eingeführt. Freilich steht das Wort Majestätsbeleidigung nur in der Überschrift des Gesetzes. Diese steht außerhalb der Verkündigungsformel und gehört insofern nicht eigentlich zum Gesetz. Indessen muß auch ihr eine gewisse offizielle Bedeutung zugeschrieben werden. Eine Gesetzesvorlage wird mit der Überschrift an den Reichstag gebracht und auch die Überschrift wird vom Reichstag erörtert und zum Gegenstand der Abstimmung gemacht. Wird in einem Gesetz auf ein anderes verwiesen, so wird dieses in der Regel mit seiner Überschrift bezeichnet. Daß die Überschrift nicht zwischen Verkündigungsformel und Unterschrift steht, wird, zumal bei der Ungenauigkeit in der Form, wie die Reichsgesetze verkündet werden [1]), nicht ins Gewicht fallen. Nach dem Gesetz vom 7. Februar 1908 sind also die Vergehen aus den Paragraphen 95, 97, 99, 101 als Majestätsbeleidigungen zu bezeichnen.

Ein Grund zu dieser Änderung der Gesetzessprache ist schwer zu erkennen. Bei der Gesetzgebung hat anscheinend niemand die Einführung eines neuen Ausdrucks in die Gesetzessprache bemerkt. Jedenfalls gibt die Begründung des Gesetzesentwurfs [2]) nicht an, weshalb die Neuerung vorgeschlagen worden ist, und bei der öffentlichen Erörterung scheint es nicht beachtet zu sein, daß etwas Neues eingeführt wurde. Auch der stenographische Bericht über die Reichstagsverhandlungen [3]) und der Bericht der Reichstagskommission [4]) zeigen nicht, ob man sich an irgend einer Stelle der Bereicherung der Gesetzessprache bewußt geworden ist.

Aber gleichgültig, ob die Neuerung in die Gesetzessprache vorsätzlich oder fahrlässig eingeführt ist, sie besteht und muß ver-

---

Die Verfolgung verjährt in sechs Monaten.

Ist die Strafbarkeit nach Abs. 2 ausgeschlossen, so finden die Vorschriften des vierzehnten Abschnitts des Strafgesetzbuchs Anwendung.

[1]) Siehe dazu L a b a n d , Das Staatsrecht des Deutschen Reiches 2 [4] (Tübingen und Leipzig 1901) 21 ff. (§ 55).

[2]) Anlagen zum stenographischen Bericht über die Verhandlungen des des Reichstags, 12. Legislaturperiode, I. Session, 1907/1988, Nr. 384.

[3]) Stenographischer Bericht über die Verhandlungen des Reichstags, 12 Legislaturperiode, I. Session, 1907/1908, 56. 85. 87. Sitzung, 1729; 2594; 2668.

[4]) Anlagen zum stenographischen Bericht, a. a. O. Nr. 564.

merkt werden. Sie führt zu einem eigenartigen Ergebnis. Die Tätlichkeiten gegen den Kaiser und die andern im zweiten und dritten Abschnitt erwähnten Personen fallen zwar nach den Überschriften dieser Abschnitte unter den Namen „Beleidigung des „Landesherrn" oder „Beleidigung von Bundesfürsten", aber „Majestätsbeleidigungen" im strengen Sinn nach dem Gesetz vom 7. Februar 1908 sind sie nicht. „Majestätsbeleidigungen" in diesem Sinne sind außer den nach den Paragraphen 95, 97, 99, 101 strafbaren Beleidigungen auch die, auf die nach dem Absatz 5 dieses Gesetzes die Bestimmungen des vierzehnten Abschnittes des Strafgesetzbuches Anwendung finden.

Dabei sind aber die Majestätsbeleidigungen, die nach der Änderung des Strafgesetzbuches diesen Namen haben, keineswegs ihrem Wesen nach andere Delikte als die, die bisher nur in der bequemen Redeweise des alltäglichen Lebens, nicht aber im Sprachgebrauch des Gesetzes diesen Namen hatten. Den Sinn, den die Doktrin [1]) teilweise mit dem Ausdruck verbinden wollte, hat er nicht. Das Wort Majestätsbeleidigung bezeichnet in dem neuen Gesetz keineswegs ein Vergehen, das in der Person des Monarchen die Würde des Staates verletzte. Der objektive Tatbestand ist nach der Einführung des neuen Namens derselbe geblieben wie vorher. Der Name ist auch nicht etwa in dem Sinne genau, daß sich das Vergehen, das er bezeichnet, gegen Personen richtete, denen in irgendeinem scharfen Sinne Majestät zukäme. Denen, für deren Beleidigung der Ausdruck Majestätsbeleidigung eingeführt ist, steht keineswegs durchweg nach völkerrechtlichem und staatsrechtlichem Sprachgebrauch die Bezeichnung Majestät zu, viele haben nur Anspruch auf die Bezeichnung Kaiserliche, Königliche Hoheit, Hoheit, Durchlaucht; Regenten können sogar auf noch geringere Titel angewiesen sein. Der strafrechtliche Schutz ist aber auch auf nicht regierende, also keineswegs souveräne Mitglieder fürstlicher Häuser ausgedehnt. Das Wort Majestät hat demgemäß im Worte Majestätsbeleidigung auch nicht

---

[1]) So van Calker, Die Majestätsbeleidigung in Vergleichende Darstellung des deutschen und ausländischen Strafrechts. Besonderer Teil I, — Berlin 1906 — Hochverrat und Landesverrat. Majestätsbeleidigung. II. Abschnitt, S. 95; 108. — Binding, Lehrbuch des gemeinen deutschen Strafrechts, besonderer Teil I[2] — Leipzig 1902 — 167 (§ 38, 1).

die Bedeutung des im älteren Sprachgebrauch oft als gleichbedeutend genommenen Ausdrucks Souverainität.

Das Gesetz gebraucht den Ausdruck Majestätsbeleidigung durchaus unscharf in dem Sinne, wie wissenschaftlicher und gemeiner Sprachgebrauch bewußt ungenau sich seiner zur bequemen Bezeichnung der Delikte des zweiten und dritten Abschnittes bedienten, nur unter Ausschluß der Tätlichkeiten (§§ 94, 96, 98, 100).

II. Die Tätlichkeiten und die Majestätsbeleidigung.

Die Paragraphen 94, 96, 98, 100 bedrohen den mit Strafe, der gegen eine der Personen, deren Beleidigung Majestätsbeleidigung ist, sich einer Tätlichkeit schuldig macht.

„Sich schuldig machen" ist nichts anderes als ein tönender Ausdruck für die Vornahme, die Begehung der bezeichneten Handlung. Irgendeine besondere Art der Schuld wird mit dem Ausdruck, dessen sich das Gesetz hier und an einigen anderen Stellen (RStGB. §§ 103, 104, 157, 158, 258, 336, 369^2, MStGB. §§ 56, 69, 111, 113, 121, 129, 138, 153) bedient, nicht gefordert.

Den Ausdruck Tätlichkeit gebraucht das Strafgesetzbuch außer im zweiten und dritten Abschnitt noch im Paragraphen 185 (Beleidigungen mittels einer Tätlichkeit begehen), in den Paragraphen 113, 117 (Beamte usw. tätlich angreifen), im Paragraphen 167 (jemand durch eine Tätlichkeit hindern den Gottesdienst auszuüben). Hier wird der Ausdruck durch seine Gegensätze näher bestimmt, und die Ausübung der Tätlichkeit bildet nur eine Unterart der strafbaren Handlung. Bei der Beleidigung (§ 185) bildet die tätliche Beleidigung einen Gegensatz zu anderen Arten der Beleidigung. Als solche kommen, wenn sie auch nicht ausdrücklich genannt sind, in Betracht die Beleidigungen durch gesprochene oder geschriebene Worte, Zeichen, Gebärden, bildliche Darstellungen. Bei der Hinderung an der Ausübung des Gottesdienstes (§ 167) steht die Tätlichkeit im Gegensatz zur Drohung. Beim Widerstand gegen die Staatsgewalt (§§ 113, 117) steht der tätliche Angriff im Gegensatz zum (lediglich passiven) Widerstand[1]).

[1]) Im Paragraphen 122 — Gefangenenmeuterei — wird der Gegensatz zum Widerstand als „Angriff" schlechthin, nicht erst als „tätlicher Angriff" bezeichnet.

Im Wortlaut der Paragraphen 94, 96, 98, 100 ist die Tätlichkeit nicht als Unterart einer anderen Handlung bezeichnet, steht vielmehr selbständig da. Ihre Definition ergibt sich aus der Untersuchung, was an den übrigen Stellen, an denen das Strafgesetzbuch von einer Tätlichkeit spricht, sich als gemeinsames Merkmal erkennen läßt. Da handelt es sich denn immer um eine Betätigung zur annähernd unmittelbaren Einwirkung von Körper zu Körper. Die Anwendung von Mitteln, die dem Körper sehr eng verbunden sind, wie Waffen, oder die Einwirkung auf Mittel, die dem Körper sehr eng verbunden sind, wie Bekleidungsstücke, schließen den Begriff der Tätlichkeit nicht aus, während bei der Benutzung von Mitteln, die mit dem Körper in minder enger Verbindung stehen, wie Äther oder Luft als Beförderungsmittel von Licht- oder Schallwellen, eine Tätlichkeit nicht vorliegt, obgleich auch dann von einer Tätigkeit des Beleidigenden oder Drohenden zu reden sein würde. Die Tätlichkeit erfordert aber auch ein tätiges, nicht überwiegend passives Verhalten. D bei genügt eine Betätigung zum Zwecke der Einwirkung, vollendete Einwirkung ist nicht zu fordern, sie würde das Vorliegen einer Tätlichkeit beim Angriff (§§ 113, 117) ausschließen.

Das Vorliegen einer Beleidigung erfordert die Tätlichkeit an sich nicht. Wäre Tätlichkeit an sich schon Beleidigung, so könnte die Beleidigung, nicht erst durch eine Tätlichkeit begangen werden (§ 185). Aber auch bei der Hinderung in der Religionsausübung und beim Widerstand gegen die Staatsgewalt ist nicht eine Beleidigung zu fordern. Im Falle der Hinderung an der Ausübung des Gottesdienstes gebraucht das Gesetz jedoch sogar nicht nur das Adverb tätlich, sondern geradezu wie im zweiten und dritten Abschnitt das Hauptwort Tätlichkeit. Auch die Überschriften des zweiten und dritten Abschnittes, Beleidigung des Landesherrn und Beleidigung von Bundesfürsten, nötigen nicht zu der Schlußfolgerung, daß die Tätlichkeit hier eine Art Beleidigung sei. Die Überschriften der einzelnen Abschnitte des Strafgesetzbuchs deuten nur ungefähr an, welche Arten strafbarer Handlungen in jedem Abschnitt zusammengefaßt werden, sie geben keine Begriffsbestimmungen für die Verbrechen oder Vergehen, die sie behandeln. Gerade beim zweiten und dritten Abschnitt sind die Überschriften besonders ungenau. Im Abschnitt „Beleidigungen des Landesherrn" werden auch Verbrechen und Vergehen gegen den Kaiser, soweit er nicht Landesherr ist, gegen Mitglieder der landesherrlichen Häuser und gegen Regenten, im Abschnitt Beleidigungen von Bundesfürsten auch Verbrechen und Vergehen gegen Mitglieder bundesfürstlicher Häuser und gegen Regenten aufgeführt.

Freilich die Fassung des Gesetzes: „wer sich einer Tätlichkeit schuldig macht", ist nicht ganz klar und deshalb läßt sich nicht behaupten, daß die hier vorgetragene Ansicht unzweifelhaft die richtige wäre.

Von sehr erheblicher Bedeutung ist aber die Frage nicht, ob die Tätlichkeiten tätliche Beleidigungen sein müssen. Es werden kaum Tätlichkeiten zu denken sein, die nicht zugleich Beleidigungen wären.

Zur gerichtlichen Auslegung des Begriffs Tätlichkeit im zweiten und dritten Abschnitt scheint es noch nicht gekommen zu sein, wenigstens erwähnen weder die Kommentare von Olshausen[1]) und Oppenhoff[2]) noch die Sammlungen, Entscheidungen des Reichsgerichts in Strafsachen[3]) und Rechtsprechung des Reichsgerichts in Strafsachen[4]) Urteile, die sich mit diesem Begriff beschäftigten. Seit in der Reichskriminalstatistik die Vergehen gegen die einzelnen Paragraphen einzeln aufgeführt erscheinen, d. i. seit 1902[5]) ist auch eine Bestrafung wegen eines Vergehens aus den Paragraphen 95, 97, 99, 101 nicht erfolgt.

---

1) Kommentar zum Strafgesetzbuch für das deutsche Reich, 8, 1. Berlin 1909.

2) Das Strafgesetzbuch für das deutsche Reich, 5. Auflage, herausgegeben von Delius, Berlin 1901.

3) Entscheidungen des Reichsgerichts, herausgegeben von den Mitgliedern des Gerichtshofes (seit Bd. 18: herausgegeben von den Mitgliedern des Gerichtshofes und der Reichsanwaltschaft), Entscheidungen des Reichsgerichts in Strafsachen, Bd. 1 ff., Leipzig, seit 1880.

4) Rechtsprechung des Reichsgerichts in Strafsachen, herausgegeben von den Milgliedern der Reichsanwaltschaft, 1—10, München und Leipzig 1879—1888.

5) Berücksichtigt ist die Kriminalstatistik bis 1905. — Statistik des deutschen Reichs, Bd. 155, 162, 169, 176, Kriminalstatistik für das Jahr 1902, für das Jahr 1903, für das Jahr 1904. für das Jahr 1905 (Berlin 1904, 1906, 1906, 1907).

3. Der Begriff Beleidigung als Tatbestandsmerkmal der Majestätsbeleidigung.

I. Ableitung des Begriffs Beleidigung.

a) Beleidigung und Ehre.

Bei den Majestätsbeleidigungen im gesetzlichen Sinne ist die strafbare Tätigkeit als Beleidigen bezeichnet. „Wer .... beleidigt“ heißt es in den Paragraphen 95, 97, 99, 101.

Den Begriff der Beleidigung festzustellen ist daher unabweisliche Notwendigkeit.

Zu dieser Feststellung die Bestimmungen des vierzehnten Abschnittes heranzuziehen ist unzulässig. Hier, wie im zweiten und dritten Abschnitt, fehlt eine gesetzliche Definition des Begriffes Beleidigung. „Die Beleidigung .... wird bestraft“ so schlechthin heißt es auch im Paragraphen 185. Nach ihm ist zunächst die Beleidigung uneingeschränkt unter Strafe gestellt. Die weiteren Paragraphen des vierzehnten Abschnitts enthalten dann einzelne Abweichungen von dem Grundsatz des Paragraphen 185, sie geben aber nicht die Begriffsbestimmung der Beleidigung, sondern setzen sie voraus.

Beleidigen ist heute sicher etwas, das sich gegen die Ehre richtet. Daß das Wort seiner sprachlichen Herkunft nach und im Sprachgebrauch älterer Zeiten eine weitere Bedeutung hat, hindert die Feststellung seines heutigen prägnanten Sinnes nicht. Selbst wenn zur Zeit, als das Reichsstrafgesetzbuch erlassen wurde, das Wort Beleidigung noch nicht die ausgeprägte Bedeutung einer gegen die Ehre gerichteten Handlung gehabt hätte, dürfte es heute nicht in einem andern Sinne als dem des heutigen Sprachgebrauchs ausgelegt werden. Ein Recht, das für ein Wort keine Begriffsbestimmung gibt, verweist damit auf den allgemeinen Sprachgebrauch und unterwirft das Wort dem Bedeutungswandel, den dieser mit ihm etwa vornimmt [1]). Freilich wird meist ein Wort der Rechtssprache schon dadurch, daß sich ihm eine gewisse rechtliche Bedeutung anheftet, dem Bedeutungswandel entzogen sein oder ihm doch nur mit einer Wandlung des

---

[1]) Vgl. hierzu Gutherz, Studien zur Gesetzestechnik II (Strafrechtliche Abhandlungen, begründet von Bennecke, herausgegeben von v. Lilienthal, 98) — Breslau 1909 — 34,

Rechtsbewußtseins und des Rechts (Gesetzes- oder Gewohnheitsrechts) folgen. Es wird übrigens auch schon für die Zeit um 1871, also für die Zeit, als das Strafgesetzbuch entstand, zu behaupten sein, daß mit dem Wort beleidigen sich der Sinn einer Beeinträchtigung der Ehre verbunden hatte.

Freilich wird auch heute noch das Wort Beleidigung in minder ausgeprägter Bedeutung gebraucht. Aber es sind dem Ohr fremd klingende, ungewöhnliche, altertümliche Ausdrücke, wenn von einer Beleidigung des Ohres oder des Auges gesprochen wird. Es klingt sonderbar, tautologisch, wenn von Ehrenbeleidigung, statt einfach von Beleidigung die Rede ist [1]) [2]). Die Ehre ist das Gut, das mit den Strafdrohungen gegen die Beleidigung geschützt wird. Nicht gegen Leid oder gegen seelisches Leid schützen sie.

Freilich allzu viel ist mit dieser Feststellung noch nicht gewonnen. Was Ehre als verletzbares Rechtsgut sei, ist in der Rechtswissenschaft keineswegs sicher festgestellt.

Das Gesetz sagt, wie schon erwähnt wurde, nichts über den Begriff der Beleidigung. Er muß deshalb aus dem Leben abgeleitet werden. Nun sieht jeder Schriftsteller das Leben mit seinen eigenen Augen an. Wie er das Leben sieht, und was er aus dem Gesehenen ableitet, das kann er anderen beschreiben. Er kann es mehr oder weniger wahrscheinlich machen, daß seine Beobachtung richtig ist, beweisen läßt sich das nicht. Auch diese Arbeit wird deshalb nur Behauptungen vortragen und zur Prüfung stellen können. Mit zwingenden Schlüssen die Richtigkeit der Behauptungen zu beweisen, oder andere Behauptungen zu widerlegen, wird außerhalb der Möglichkeit liegen.

Man könnte meinen, ein geschichtlicher Beweis sei denkbar. In der Geschichte des Strafrechts könnte sich ein bestimmter

---

[1]) Anders freilich für den an die österreichische Rechtssprache gewöhnten. Diese hat den Ausdruck Ehrenbeleidigung konserviert.

[2]) Paul, Deutsches Wörterbuch (Halle 1897), bezeichnet als Bedeutung des Wortes beleidigen in der neueren Sprache: Verletzung des Ehrgefühls oder des ästhetischen oder moralischen Sinnes (das Ohr, das Auge, das Rechtsgefühl beleidigen). Heyne, Deutsches Wörterbuch I [2] (Leipzig 1905), erkennt allein das Leidzufügen durch Herabsetzung, verächtliches Betragen als die jetzt einzig gebliebene Bedeutung des Wortes an.

Begriff an das Wort beleidigen geknüpft haben, so daß der Ausleger des Gesetzes sagen könnte, diese Bedeutung hat man im Laufe der Rechtsentwicklung dem Wort beleidigen angehängt; wenn das Gesetz heute beleidigen sagt, so bezeichnet es damit das, was die Geschichte als Sinn dieses Wortes herausgearbeitet hat. Indessen ist der Gebrauch des Wortes Beleidigung, Ehrenbeleidigung und ähnlicher Ausdrücke in der Gesetzessprache und in der Rechtswissenschaft so vieldeutig und unbestimmt, daß die Begriffe Ehre und Beleidigung nicht als feststehende technische Ausdrücke angesehen werden können.

Noch in anderer Weise könnte man die Geschichte zu verwerten unternehmen. Vielleicht könnte aus der Geschichte nachgewiesen werden, welche Entwicklung die Bestrafung der Beleidigung genommen hat, und, falls es richtig ist — was dann auch bewiesen werden müßte —, daß aus der Entwicklungsrichtung sich ableiten läßt, was heute unter Strafe gestellt werden sollte, so könnte dann gesagt werden, was als Beleidigung oder was überhaupt unter ähnlichen Gesichtspunkten für strafbar erklärt werden sollte. Mit diesem Ergebnis wäre aber noch nichts darüber gesagt, was das Gesetz unter Strafe stellt, wenn es sagt „wer.... beleidigt, wird bestraft"; „die Beleidigung .... wird bestraft". Nur diese Frage, was nach geltendem Gesetz strafbar ist, soll aber den Gegenstand dieser Untersuchung bilden. Das sagt allein das Gesetz; seine Worte, seinen Sinn gilt es auszulegen. Aus der Ermittlung, was jemals oder irgendwo strafbar war, oder was unter Strafe zu stellen für unsere Zeit richtig wäre, kann der Inhalt des geltenden Gesetzes nicht gewonnen werden.

b) Die durch Handlungen verletzbare Ehre und die Beleidigung als Handlung.

Soweit sie das durch die Beleidigung getroffene Rechtsgut ist, kann jedenfalls die Ehre nur das Ergebnis des Verhaltens Dritter sein. Denn die Beleidigung muß eine Handlung eines vom Träger der Ehre unterschiedenen Menschen sein.

Genau das gleiche Verhältnis liegt vor bei andern durch strafbare Handlungen angegriffenen Rechtsgütern. Leben als das durch die Tötung, Eigentum — gesetzt, daß wirklich mit dem Diebstahl das Eigentum angegriffen wird — als das durch den Diebstahl verletzte Gut, das sind nicht die Stoffwechselfunktion des lebendigen Organismus, nicht die Beziehung des Eigentümers zur Sache, sondern Zustände, in denen das Verhalten der andern Menschen den Verlauf des Stoffwechsels und das Herrschaftsverhältnis des Menschen zu seinen Sachen nicht stört. So muß auch die Ehre im Sinne des Strafrechts ein auf dem Verhalten der andern Menschen zum Inhaber der Ehre beruhender Zustand sein. Die Ehre, die durch die Beleidigung verletzt wird, ist die Wertung des einzelnen, die ihm die andern durch ihr Verhalten ausdrücken.

Was nun die Ehre von andern Gütern unterscheidet, ist, daß schon ihre Existenz die Mitwirkung der andern erfordert.

Das Leben ist als Rechtsgut betrachtet davon abhängig, daß andere es nicht stören, es ist aber außerhalb dieser Betrachtung ein Vorgang lediglich in dem einzelnen. Die Ehre aber ist, abgesehen von dem Schutz, der ihr vom Recht gegen Störung gegeben wird, schon das Ergebnis des Verhaltens der andern. Daß und in welcher Gesundheit ich lebe, daß und wie ich Sachen besitze, daß und wie ich einen Ehegatten für mich habe, alle dies hängt von mir allein ab (der Ehegatte kommt bei dieser Betrachtung nur als Objekt in Frage). Erst Angriffe auf das Leben, das Eigentum, die eheliche Treue bringen diese Güter in Beziehung zu andern. Meine Ehre dagegen ist von Anfang an erst etwas mir von den andern gegebenes.

Es trägt nur zur Verwirrung bei, an dieser Stelle von der sogenannten inneren Ehre zu sprechen, von meiner Eigenschaft ein ehrbar lebender Mensch zu sein. In diesem übertragenen, übrigens erst späten Sinn [1]) bedeutet Ehre erst die Eigenschaft dessen, der Ehre verdient. Sie kann weder genommen noch gestört, nicht angegriffen oder verletzt werden. Die innere Ehre ist nicht der Gegenstand des schädigenden Verhaltens anderer,

---

[1]) Grimms Wörterbuch — Deutsches Wörterbuch von Jakob Grimm und Wilhelm Grimm, 3 (Leipzig 1862) — sieht als urspsüngliche Bedeutung von Ehre êra (ahd — das glänzende Metall) an (vgl. aes — aestimare lat.). Heyne, Deutsches Wörterbuch 1 [2] (Leipzig 1905), sagt: Das alte gemein-germanische Wort war einst nur ein gesellschaftlicher Begriff, die Stellung eines Oberhauptes gegenüber seinen Untergebenen und die damit verbundene Auszeichnung ausdrückend, wurde nachher allgemeiner und gewann auch sittliche Bedeutung.

wie das Leben der Gegenstand der Verletzung bei der Tötung, sondern das ist die verletzbare äußere Ehre, die Ehre, die in dem achtungsvollen Verhalten der andern liegt.

Ist aber schon das Gut der Ehre, noch ehe es durch Rechtssätze zum Rechtsgut wird, abhängig von den andern, so könnte der Gedanke auftauchen, den andern schon gebieten zu wollen, wie sie den einzelnen werten, wie sie ihn ehren sollen. Vielen Auseinandersetzungen über Ehre und Beleidigung liegt in der Tat, wenn auch nicht immer in voller Klarheit, dieser Gedanke zugrunde. Webers vor mehr als einem Jahrhundert zum ersten Mal vorgetragene Lehre, die diesen Gedanken scharf formt, wirkt heute noch gerade in den besten, am tiefsten gehenden Erörterungen über die Beleidigung nach. Er sagt [1]: „Die gute Meinung anderer von unserer Vollkommenheit sowohl überhaupt — als auch besonders von unserm pflichtmäßigen Wandel — das Urteil, wodurch man uns einen gewissen moralischen Wert beilegt — Ehre, guter Name und Achtung sind freilich an sich betrachtet, nicht erzwingbar. Insofern aber diese Urteile und Meinungen äußerlich an den Tag gelegt oder durch Handlungen anderer für oder wider uns bestimmt und veranlaßt werden, insoweit können sie natürlich in das Gebiet des vollkommenen Rechts gehören." Diese Lehre übersieht, daß nicht erst die Ehre vorhanden ist, und Meinungen, die äußerlich an den Tag gelegt werden, ihr entsprechen oder widersprechen, sondern daß erst die Urteile und Meinungen, die äußerlich an den Tag gelegt werden, die rechtlichem Schutz zugängliche Ehre bilden. Diese besteht aus ihnen, sie ist das Ergebnis des Verhaltens, das die andern auf Grund ihrer Überzeugung vom Wert des einzelnen üben. Welche Wertung ihm bewiesen wird, ist eine rein tatsächliche Frage.

Ob es möglich und wünschenswert ist, Rechtsregeln darüber aufzustellen, wie der einzelne von dem andern geehrt werden soll, das zu erörtern, liegt zunächst außerhalb des Rahmens dieser Arbeit. Es mag indessen nicht ohne Nutzen für die Klärung der Aufgaben dieser Arbeit sein, kurz darauf einzugehen. Man könnte sagen, der Staat bestraft auch sonst die Betätigung von Ge-

---

[1]) Über Injurien und Schmähschriften, 3 Bände, 1. Auflag , 1793 — 4. Auflage, 1820, 1, 6.

sinnungen und Meinungen, etwa die Betätigung der sich in eine Tötung äußernden Meinung, diese Tötung sei vom Standpunkt des Tötenden aus das Richtige. Wie er also manche Betätigungen von Meinungen verbietet — es soll hier der Kürze wegen dieser Ausdruck aus der Sprache der Normentheorie verwendet werden, ohne Prüfung, ob man das Unterstellen unter eine Strafankündigung ein Verbieten nennen kann — so könne er auch gebieten oder verbieten, in welcher Art der einzelne seiner Meinung über den Wert des andern, seiner Schätzung des andern, Ausdruck geben dürfe. Indessen ist der wesentliche Unterschied hier der, daß bei der Tötung nicht die Betätigung einer Meinung das ist, was den Staat zum Einschreiten veranlaßt, sondern der schädliche Erfolg.

Der Ausdruck der Meinung, die der eine von dem andern hat, ist aber an sich noch nicht schädlich. Der Staat hängt nicht jedem Menschen eine Karte an, wie hoch er ihn wertet, und verlangt nicht, daß jeder sich einer Betätigung seiner Meinung enthalte, der ihn anders bewertet. Er läßt der bewertenden Behandlung der Staatsbürger gegeneinander freies Spiel. Weicht einer in der Wertung des andern zu dessen Schaden von dem Urteil ab, das diesem sonst entgegengebracht wird, so wird dem von der Normalität im Beurteilen abweichend beurteilenden die Betätigung seiner anormalen Gesinnung verboten. Die Anormalität liegt nicht darin, daß jemand nicht so gewertet wird, wie er es nach irgendeinem Maßstabe verdiente; dies ist vielmehr durchaus das Normale. Die tatsächliche Bewertung des einzelnen Menschen durch das Verhalten der andern weicht in sehr vielen Fällen vom wahren Wert der einzelnen nach dem Maßstab, den ein einsichtiger Ethiker oder ein die soziale Brauchbarkeit weise abschätzender anlegen würde, ab. Anormal ist es nur, wenn einer in seinem Verhalten zum Ausdruck bringt, daß er den andern anders beurteilt, als dieser sonst beurteilt wird. Ist die anormale Behandlung für den Beurteilten ungünstig, so schädigt sie ihn, und der Staat bestraft diese Schädigung. Er gestattet sie nur, wenn die Schädigung des andern sozial nützlich ist, das von der Norm abweichende Verhalten ihn richtig, das sonst geübte ihn unrichtig beurteilt (wenn die Beleidigung wahr ist), oder aber wenn der anormal Handelnde ein Recht hat, sein anormales Urteil zum Ausdruck zu bringen (wenn ein dienstliches oder sonst berechtigtes Interesse am Tadel vorliegt). Hält freilich der Staat die anormal bewertende Handlung für sozial schädlich, auch wenn sie das sachlich richtige Urteil ausdrückt, oder einem berechtigten Interesse dient, so bestraft er sie immer: Ausschluß des Wahrheitsbeweises und der Anerkennung berechtigter Interessen bei der Majestätsbeleidigung und bei der Beleidigung von ausländischen Landesherren und fremden Diplomaten[1]).

Ob es zu billigen ist, daß der Staat sonst manche Beleidigung straflos läßt, die Majestätsbeleidigungen aber unbedingt unter Strafe stellt, soll hier nicht gefragt werden. Es ist nur der Versuch gemacht, die Gedanken herauszuarbeiten, die dem geltenden Recht zugrunde liegen. Für die Majestätsbeleidigungen aber sowohl als für andere Beleidigungen ordnet nicht der Staat an, welche Bewertung der eine dem andern ausdrücken soll, sondern er sichert nur die Bewertung, die die einzelnen sich gegenseitig ausdrücken, in der Art, daß er die Beleidigungen, die von dieser Bewertung abweichenden Behandlungsweisen in weiterem oder geringerem Umfang verbietet. Man wird sagen müssen, der Staat tut recht, sich in dieser Weise zu bescheiden; selbst die Art festzusetzen, wie jeder behandelt werden soll, ginge, wenn es gerecht geschehen sollte, über seine Kräfte. Die gegenseitige Bewertung bleibt der frei gebildeten Meinung der Staatsbürger überlassen. Um zu erreichen, daß sie möglichst gerecht sei, kann der Staat nur durch die Allgemeinheit seiner Einrichtungen, besonders auch durch die Einwirkung auf das Entstehen der geistigen Eigenart seiner Bürger (Schule und Erziehung) dahin wirken, daß diese möglichst gerecht denken.

Wenn der Staat ausnahmsweise gewisse Ehrungen, also den Ausdruck einer gewissen Bewertung, gebietet, wie im Militär- und Beamten-Disziplinarrecht, selbst im Gesinderecht und in manchen andern Teilen des Dienstvertragsrechtes gewisse besondere Ehrungen oder eine gewisse Ehrerbietung zur Pflicht gemacht werden, da verlieren diese mit der Freiwilligkeit den Charakter des Bewertung ausdrückenden Verhaltens, sie werden zu

---

[1]) Falls bei diesen Beleidigungen Wahrheitsbeweis und Anerkennung berechtigter Interessen ausgeschlossen sind.

reinen Pflichten der Unterordnung. Mit der Möglichkeit, die Staatsbürger in ein allgemeines System der Überordnung und Unterordnung einzureihen, fehlt die Möglichkeit einer staatlichen allgemeinen Ehrungsordnung. Der Ausdruck gegenseitiger Bewertung muß dem freien Willen der Staatsbürger überlassen bleiben. Erst auf der Grundlage der freiwillig zuerkannten Ehre kann der Staat den Ehrenschutz aufbauen.

Deshalb kommt es bei der Ehre nicht darauf an, welche Achtung jemand nach irgendeinem andern Maß verdient als dem der Achtung, die ihm freiwillig entgegengebracht wird. Es kann jemand sehr wenig wert sein und doch geachtet werden, als wäre er ein wertvolles Mitglied der Gesellschaft. Einem Schurken wird die Ehre genommen, die er genießt, er wird beleidigt, wenn er entlarvt wird. Ob die Beleidigung dann rechtmäßig und vom Gesetz straflos gelassen oder vernünftigerweise straflos zu lassen ist, das ist eine andere Frage. Die Wahrheit eines Vorwurfs schließt die Beleidigung nicht aus. Schützen kann das Recht nur, was tatsächlich ist. Dem, was aus irgendeinem Grunde sein sollte, was aber nicht ist, kann noch kein Schutz erteilt, es kann nicht zum Rechtsgut gemacht werden.

Die Achtung, die jemand genießt, als tatsächliche Erscheinung, ist verschieden je nach Ort, Zeit und Umgebung. Jeder einzelne, der die Ehre achtetn will, muß den andern in jedem Kreise so behandeln, wie er in diesem Kreise sonst behandelt wird.

Stehen zwei Menschen ohne Dritte miteinander in Beziehung, so ist der Maßstab für die Behandlung, deren Verweigerung Beleidigung ist, bei jedem zunächst das Verhalten, das der Kreis, dem beide angehören, dem andern gegenüber beobachtet. In vielen Fällen wird dieser Kreis nichts anderes sein als die Allgemeinheit: wenn zwei sich sonst fremde Menschen persönlich oder schriftlich in Verkehr treten, so beleidigt den andern nur, wer ihn mit weniger Achtung behandelt, als sie nach allgemeiner Übung ein Mensch dem andern schuldet. Gehören sie erkennbar verschiedenen Bevölkerungsschichten oder Gesellschaftsklassen an, die sich mit einer von dieser allgemeinen Achtung in einer oder der andern Richtung abweichenden Achtung zu behandeln pflegen (Lehrer und Schüler, Herrschaften und Dienstboten, Reisende und Gepäckträger, Fürsten und niederes Volk), so muß jeder den andern dieser Achtung entsprechend behandeln, um ihn nicht zu beleidigen. Stehen sie in besonderen persönlichen Beziehungen, so bestimmt sich die Achtung, die sie einander entgegenzubringen haben, nach diesen besonderen Beziehungen. Ein Bittsteller, der sich vor einem andern demütigt, erniedrigt, wird nicht beleidigt, wenn er von diesem geringschätzig behandelt wird. Solche persönlichen Beziehungen können auch nur für einen Ort oder nur für einen Zeitraum bestehen. Dann begeht eine Beleidigung, wer den andern an anderem Ort oder zu anderer Zeit so behandelt, wie es sonst das Normale ist. Den Hausdiener, den es im Hotel nicht beleidigt, wenn ich ihm niedrige Dienste zumute und ihm ein Trinkgeld in die Hand drücke, beleidigt eine gleiche Behandlung an Orten, wo er mir nicht als Hausdiener gegenübertritt. Einen überführten Verbrecher darf ich, ohne ihn zu beleidigen, an sein Verbrechen erinnern, wo er mir als Verbrecher gegenübertritt, auch noch wenn ich etwa als sein ehemaliger Richter oder Strafanstaltsdirektor nach der Strafverbüßung mit ihm in Angelegenheiten zusammenkomme, die mit seiner Bestrafung zusammenhängen — ich beleidige ihn, wenn ich vor andern, denen er als ehrenwerter Mann gilt, von seinem Verbrechen rede. Auch hier ist nicht die Behandlung, die sich die beiden schulden, das Maßgebende, sondern die Behandlung, die dem Auftreten des andern entspricht, und den Achtungsansprüchen, die er durch sein Auftreten geltend macht. Auch hier wird das Maß der Ehre, das ihm zusteht, rein tatsächlich bestimmt durch das Maß von Ehre, das er sich selbst durch sein eigenes Verhalten beilegt; denn er allein bildet hier den Kreis, in dem sich das Verhalten abspielt, wenn dieser Ausdruck gestattet sein soll. Dieser Fall stellt die Verbindung mit den Fällen her, in denen besondere persönliche Beziehungen zwischen zwei Personen nicht bestehen, oder in denen zwei Personen nicht miteinander allein verkehren.

Den in den Paragraphen 95, 97, 99, 101 des Strafgesetzbuchs genannten Personen wird eine andere Achtung entgegengebracht in den engsten Kreisen ihrer Umgebung, wo sie als Menschen mit menschlichen Schwächen erscheinen, eine andere in einem Kriegerverein, oder beim Zuschauerpublikum eines höfischen Festes, eine andere in einem Kreise von Leuten, denen jeder Herrscher und jeder, der in seinem Glanze lebt, als verbrecherischer Vertreter eines verbrecherischen Systems erscheint.

Auch welche Eigenschaften bei dem, dessen Ehre geschützt werden soll, vorausgesetzt werden, um die Achtung zu begründen, die ihm entgegengebracht wird, ist eine Frage rein tatsächlicher Art. Die Achtung kann auf sittlichen, geistigen, körperlichen Eigenschaften ruhen oder auf rein äußerlichen, wie Rang und Stellung im bürgerlichen Leben, Abstammung, Familienzugehörigkeit.

Es ist durchaus verfehlt, hier die Eigenschaften, auf denen die Ehre beruht, enger bestimmen zu wollen. Wer das Leben sieht, wie es ist, kann nicht zweifeln, daß bei der tatsächlichen Achtung, die jemand genießt, durchaus nicht danach gefragt wird, ob er als Persönlichkeit nach dem Maßstabe der Sittlichkeit diese Achtung verdient. Was sittlich ist, steht überdies selbst zwischen den Ethikern nicht fest, noch viel weniger zwischen den Richtern und den Gesetze vereinbarenden Politikern. Die Meinung der Mitmenschen fragt keineswegs nur nach dem sittlichen Wert dessen, den sie beurteilt. Auch die äußerliche Eigenschaft der Schönheit oder Häßlichkeit trägt mit zur Wertschätzung, zur Ehre bei, übrigens in der Tat auch zum sozialen Wert des Menschen. Wie etwa von zwei Möbelstücken, deren Brauchbarkeit, Haltbarkeit usw. genau gleich sind, das schönere schon den höheren Wert hat, weil es mehr Lustgefühle auszulösen geeignet ist, so hat auch von zwei Menschen, deren Vorzüge sonst genau gleich sind, der schönere den höheren Wert für die Allgemeinheit, weil schon sein Anblick Lustgefühle erregt; ebenso ist der Reichere, weil er mehr zu glänzen, der Stärkere, weil er mehr zu arbeiten vermag, wertvoller als der Ärmere oder Schwächere von sonst gleichen Eigenschaften.

Für die Ehre der in den Paragraphen 95, 97, 99, 101 genannten Personen ist ihre Stellung von sehr großer, ja geradezu von ausschlaggebender Bedeutung. Die Ehre, die sie im breiten Publikum genießen, beruht fast ausschließlich auf ihrer Stellung, denn von ihren persönlichen Eigenschaften ist selten viel bekannt. Trotzdem werden sie im allgemeinen hoch bewertet, genießen sie in der breiten Öffentlichkeit eine besondere Schätzung, die auch wieder bewirkt, daß gute persönliche Eigenschaften bei ihnen, ohne daß man Sicheres darüber weiß, angenommen oder geradezu ihnen angedichtet werden. Sonst genießt der einzelne in der großen Öffentlichkeit meist nur eine allgemeine Ehre, die sich etwa darin äußert, daß man ihn nicht ohne Grund beschimpft oder mißhandelt. Eine spezielle Ehre genießt er nur in dem besonderen Kreise, der ihn kennt, mit ihm arbeitet oder verkehrt. Wer dagegen im öffentlichen Leben steht, etwa ein Minister, wird auch in der breiten Öffentlichkeit bewertet und hat da seine besondere Ehre; diese beruht indessen bei andern Persönlichkeiten des öffentlichen Lebens zum großen oder zum größten Teil auf ihren persönlichen Eigenschaften und auf ihren Leistungen. Bei den Fürsten und Fürstlichkeiten beruht sie im wesentlichen auf ihrer Stellung allein.

Die Ehre richtet sich dagegen in ihrem Umfang nicht nach der Quelle, der sie entspringt. Wer aus irgendeinem Grunde hoch bewertet wird, der wird im allgemeinen so behandelt, als sei er auch in andern Beziehungen ausgezeichnet. Freilich werden bei seiner Ehre die Eigenschaften, auf denen seine Geltung ihrem Ursprung nach beruht, besonders betont sein. Indessen beleidigt einen Fürsten auch, wer ihm Klugheit oder Kunstverständnis abspricht, ihn also so behandelt, als ob er Klugheit und Kunstverständnis nicht besäße, obgleich seine Stellung unabhängig von seinem Kunstverständnis und seiner Klugheit ist.

So verschiedenartig die Ehre der einzelnen ist, in so verschiedener Art können sie beleidigt werden.

Ein Beweis sehr hoher Achtung, fast göttlicher Verehrung ist es, schon bei der Nennung des Namens einer Person sich vom Platze zu erheben. In den Kreisen, in denen einem Menschen solche Achtung bewiesen wird, in denen seine Ehre solch Verhalten erfordert, in diesen Kreisen ist es eine Beleidigung, eine solche Ehrerweisung zu unterlassen.

c) Arten der Beleidigung.

1) Arten der Gedankenäußerung.

Die Mißachtung kann mit gesprochenen oder geschriebenen Worten, mit Gebärden, Mienen oder, wie es sonst sei, ausgedrückt werden. Man kann nach der Art der Äußerung, wenn man will, Arten der Beleidigungen unterscheiden; doch ist das eine rein äußerliche Einteilung nach unwesentlichen Merkmalen. Sie durchzuführen, hat keinen Wert.

2) Beleidigungen durch Werturteile und Tatsachenbehauptungen.

Auch das ist unerheblich, ob mit der Beleidigung eine entehrende Tatsache bezeichnet oder ein ehrenrühriges Werturteil [1]) gefällt wird. Das Beleidigende liegt auch bei der entehrenden Tatsachenbehauptung in der von der Bewertung der andern abweichenden Behandlung. Nicht erst das macht die Beleidigung aus, daß der Kreis, in dem sie vor sich geht, den Beleidigten fortan geringer schätzen wird, sondern, daß er auch durch die Behauptung einer unbekannten Tatsache anders behandelt wird, als es sich nach dem Maßstab des Verhaltens der andern gehört. Ein anderer als der Beleidiger würde das Schlechte von ihm nicht sagen; es zu sagen, ist eine Behandlung, die andere ihm nicht zuteil werden lassen würden. In einem Kreise, wo eine entehrende Tatsache allgemein bekannt ist und wo das ohne Scheu ausgesprochen wird, da ist diese Behauptung keine Beleidigung. Wo aber nur scheues Flüstern und unbestimmtes Raunen über die Tatsache das Übliche ist, da beleidigt, wer sie bestimmt und offen ausspricht, denn dies widerspricht der Ehre, die der Beleidigte noch hatte.

3) Beleidigungen gegen Geisteskranke, Kinder und Personengesamtheiten, an Toten, an Gott, an Sachen.

Beleidigt werden kann jeder, und an allem können Beleidigungen verübt werden. Zu besonderen Erörterungen in der Literatur hat die Frage geführt, ob und in welchem Maße Geisteskranke und Kinder beleidigt werden können, ob bei Toten, ob bei Personengesamtheiten Beleidigungen möglich sind. Die Frage kann nur auftauchen, wenn die Frage gestellt wird, ob Geisteskranke, Kinder, Tote, Personengesamtheiten Ehre haben können. Das Schillern des Begriffes Ehre nach der Farbe einer inneren Ehre hin, einer Ehre als moralischer Qualität des Men-

---

[1]) Darauf, daß der Ausdruck Werturteil den Gegensatz zur Tatsachenbehauptung schärfer bezeichnet als der gewöhnlich verwendete Ausdruck Urteil, weist Liepmann mit Recht hin. (Die Beleidigung, I., Einfache Beleidigung, in Vergleichende Darstellung des deutschen und ausländischen Strafrechts, Besonderer Teil, 4 — Berlin 1906 —, 261).

schen, wirkt bei dieser Fragestellung dahin, daß man Zweifel empfindet, ob Ehre einem Geisteskranken, einem Kinde, einem Toten, einer Personengesamtheit zustehen kann. Sieht man in der Ehre rein äußerlich das Ergebnis der Ehrerweisung, so kann das Bedenken gar nicht auftauchen. Über den Kreis voll selbstbewußter und nicht oder minder selbstbewußter Menschen hinaus wird Verehrung bewiesen. Gott wird geehrt, und es kann eine Beleidigung an ihm begangen werden; Sachen werden geehrt, und es können Beleidigungen an ihnen begangen werden; Nachruhm, ehrenvolles Andenken ist nichts als die Verehrung für den Begriff des nicht mehr lebenden Menschen. Ein Verhalten kann geringere Achtung ausdrücken als die, die sonst Sachen, Toten, Gott entgegengebracht wird, kann Beleidigung sein. Vielleicht ist es richtiger, hier nicht zu sagen: Gott, Tote, Sachen werden beleidigt. Denn bei dieser Redeform klingt der Gedanke an, daß der Beleidigte selbst geschädigt, in seinen Interessen verletzt wird. Es widerspricht aber der üblichen Ausdrucks- und Denkweise, Sachen, Tote oder Gott als Träger von Interessen zu bezeichnen. Es wird richtiger sein, von Beleidigungen an ihnen zu sprechen, ein Ausdruck, der es unentschieden läßt, wer beleidigt, wessen Interesse verletzt wird. Um echte Beleidigungen aber handelt es sich, die übliche Art der Ehrerweisung wird unterlassen, und nur hierauf kommt es an, nicht darauf, ob mit der Mißachtensäußerung menschliche Eigenschaften geleugnet werden. Mit irgendwelchen, dem Menschen allein eigentümlichen Eigenschaften haben Ehrerweisung und Beleidigung nichts zu tun. Sie können sich also auch auf andere Gegenstände als Menschen erstrecken. Das muß in dieser Arbeit zur Feststellung des Begriffs der Beleidigung gesagt werden.

Wieweit diese Beleidigungen strafbar sind, ist dagegen hier nicht näher zu untersuchen. Es sei nur hingewiesen auf die gesetzlichen Bestimmungen über die „Beleidigungen gegen eine Behörde" (StGB. § 196), „gegen eine politische Körperschaft" (§ 197) und über das „Beschimpfen [1]) einer religiösen Gesell-

[1]) Beschimpfen ist nichts anderes als ein das Unwerturteil stärker betonender, inhaltlich gleicher Ausdruck für Beleidigen. Vgl. Liepmann, a. a. O. 342; von ihm zitiert Dochow, Beleidigung, in von Holtzendorff, Handbuch des deutschen Strafrechts, 3 (Berlin 1874), 329 (Nr. XXI); auch der Auffassung

schaft und ihrer Einrichtungen und Gebräuche" (§ 166), über das „Beschimpfen des Andenkens eines Verstorbenen" (§ 189), „in beschimpfenden Äußerungen Gott lästern" [1]), „beschimpfen-

bei Olshausen, Kommentar zum Strafgesetzbuch für das deutsche Reich, I. — Berlin 1909 — § 166, 3 (S. 636), liegt der Gedanke zugrunde, daß das Beschimpfen eine Ehrenkränkung enthält; Kohler, Studien aus dem Strafrecht, 1 (Mannheim 1890) 168, 169, definiert das Beschimpfen als das Herabziehen in das Gebiet der unwürdigen Trivialität, in das Gemeine, Niedrige; derselbe, Strafrechtlicher Religionsschutz, in Archiv für Strafrecht und Strafprozeß, begründet durch Goltdammer 54 (Berlin 1907) 241: Beschimpfen: als sittlich minderwertig darstellen, jemandem Dinge nachsprechen, die ihn als Person von untergeordneter sittlicher Bedeutung erscheinen lassen, auch wenn die Kundgebung einer intellektuellen Minderwertung einen solchen Grad erreicht, daß sie eine sittliche Bedeutung der Person nicht mehr aufkommen läßt. Villnow, Vergehen, welche sich auf die Religion beziehen, in Der Gerichtssaal 31 (Stuttgart 1879), 530: Beschimpfen: wegwerfen in Worten; Frank, Das Strafgesetzbuch für das deutsche Reich [5—7] (Berlin 1908) § 166 I (S. 275): Beschimpfen: Kundgebung der Mißachtung in roher Weise; Beling, Rechtsprechung des Reichsgerichts, in Zeitschrift für die gesamte Strafrechtswissenschaft 18 (Berlin 1898), 285, setzt voraus, daß im Beschimpfen zugleich ein Herabwürdigen, Beleidigen liegt; Meyer, Lehrbuch des deutschen Strafrechts, 6. Auflage von Allfeld (Leipzig 1907), 430 (§ 84, 2): Beschimpfen, höherer Grad von Beleidigung; auch Binding, Lehrbuch des gemeinen deutsehen Strafrechts, Besonderer Teil, I[2] (Leipzig 1902), 179 (§ 43 I 3 b), sieht in der Beschimpfung eine Art der Schmähung; II[2] (Leipzig 1905), 504 (§ 216 2 b): Beschimpfend: rohe Mißachtung ausdrückend; v. Liszt, Lehrbuch des deutschen Strafsechts [16, 17] (Berlin 1908), 337 (§ 95, III, 1): Beschimpfen: etwas innerhalb der Beleidigung besonders gekennzeichnetes. Er lehnt allerdings für § 189 diese Auffassung des Wortes Beschimpfen ab und nimmt sie auch bei §§ 166, 135, 103 a nicht an (343, § 96 V; 571, § 176 V; 553, § 171 II, 4; 395, § 118 III); Kleinfeller, Verbrechen und Vergehen gegen die öffentliche Ordnung, 6. Die Verletzung von Hoheitszeichen, in Vergleichende Darstellung des deutschen und ausländischen Strafrechts, Besonderer Teil 2 (Berlin 1906), 307: Beschimpfend: Grobe Mißachtung zum Ausdruck bringend; Kahl, Religionsvergehen, ebenda 3 (1906), 36: Aus der beschimpfenden Äußerung muß die Stimmung der Verachtung oder Verächtlichkeit hervorgehen; auch ebenda, 45 ist die Beschimpfung als Abart der Beleidigung angesehen.

1) Auch das Lästern ist nur ein anderer Ausdruck für Beleidigen; vgl. Kahl, Religionsvergehen, in Vergleichende Darstellung des deutschen und ausländischen Strafrechts, Besonderer Teil 3 (Berlin 1906), 35: Lästern, der Heiligkeit und Ehre Gottes Abbruch tun; ebenso Frank, Das Strafgesetzbuch für das deutsche Reich, [5-7] (Berlin 1908), § 166 I (S. 275); Villnow, Vergehen, welche sich auf die Religion beziehen, in Der Gerichtssaal 31 (Stuttgart 1879), 529: Erweisen unberechtigter Unehre, verunehrende Handlung ohne verunehrende Wirkung; Kohler, Studien aus dem Strafrecht I, (Mannheim 1890), 167: Lästerung: Herabsetzung

den Unfug in einem zu religiösen Versammlungen bestimmten Orte" (§ 166), „an einem Grabe" (§ 168), „an Autoritäts- und Hoheitszeichen verüben" (§§ 103 a, 135), „Staatseinrichtungen" oder „Anordnungen der Obrigkeit verächtlich machen" [1]) (§ 131).

Eine genauere Untersuchung des Zusammenhangs dieser Tatbestandsmerkmale mit dem Begriff der Beleidigung scheint in der strafrechtlichen Literatur bisher zu fehlen — kein Wunder, da bei der Erörterung des Begriffs Beleidigen in der Regel der Begriff der Ehre als Qualität des Menschen im Vordergrunde steht, und da andererseits bei der Mehrzahl der Delikte die Bedeutung des Begriffsmerkmals der Beleidigung von geringerem Interesse ist als die Bedeutung der Delikte überhaupt als Delikte gegen Staat, Religion oder Gefühl. Die Schwierigkeiten, die sich bei der Einordnung dieser Delikte in das System des Straf-

---

und Herabwürdigung, Äußerung der Verachtung des Gottesglaubens; v. Liszt, Lehrbuch des deutschen Strafrechts, [16, 17] (Berlin 1908), 394 (§ 118, I): Lästerung (wie bei der Beleidigung): Kundgebung der Nichtachtung; Binding, Lehrbuch des gemeinen deutschen Strafrechts, Besonderer Teil 1 [2] (Leipzig 1902), 179: Lästern heißt übel reden, insbesondere in schmähender Weise .... Vollkommenheit verkleinern. — Grammatische Bedeutung: 1. Bloßes Tadeln, als Unrecht hinstellen, 2. gewöhnlich: mit Betonung des Schmähsüchtigen Ehrenrühriges über einen sagen, Böses reden, durch Reden beschimpfen, 3. einen Schimpf antun, beschimpfen überhaupt (Grimm, Deutsches Wörterbuch, 6, — Leipzig 1885 —); im milderen Sinne: tadeln, im schärferen: Schmähungen ausstoßen, redend mit Schmach belegen (Heyne, Deutsches Wörterbuch [2] — Leipzig 1905).

[1]) Auf den Zusammenhang des Verächtlichmachen mit dem Beleidigen weist die allgemeine Auffassung des Paragraphen 131 hin. So von Hippel, Verbrechen und Vergehen gegen die öffentliche Ordnung: I. Friedensstörungen, V. Die sog. Staatsverleumdung, in Vergleichende Darstellung des deutschen und ausländischen Strafrechts, Besonderer Teil 2 (Berlin 1906), 77, im Anschluß an die Rechtsprechung des Reichsgerichts: Etwas als in seinem sittlichen Wert angegriffen hinstellen; ebenso Olshausen, Kommentar zum Strafgesetzbuch für das deutsche Reich, 1 [8] — Berlin 1909 — § 131, 8 (S. 528) und die hier angegebenen Reichsgerichtsentscheidungen; auch Frank, Das Strafgesetzbuch für das deutsche Reich, 5-7 (Berlin 1908), § 131 IV 2 b (S. 235); Binding, Lehrbuch des gemeinen deutschen Strafrechts, Besonderer Teil II [2] (Berlin 1905), 872 (§ 288 II A 1): Verachtung ist Verkehrung der Achtung, die den Staatseinrichtungen wegen der herrschenden Gewalt als ihrer Erzeugerin und ihrer Güte (Gerechtigkeit und Sittlichkeit des Zwecks, Zweckmäßigkeit, Zwecktreue) geschuldet wird; Meyer, Lehrbuch des deutschen Strafsechts, 6. Aufl. von Allfeld (Leipzig 1907), 555 (§ 123, 4) umschreibt den Tatbestand des Paragraphen 134 als Schmähung des Staates.

rechts ergeben, überragen an Wichtigkeit die Bedeutung ihres Charakters als Arten der Beleidigung. Im Zusammenhang dieser Arbeit ist zu eingehenderen Erörterungen kein Anlaß gegeben.

Beleidigungen an Sachen können zugleich, wenn sie nicht nur der Sache, sondern etwa auch dem Besitzer oder dem Verfertiger der Sachen Mißachtung beweisen, Beleidigungen eines Menschen sein. Ebenso können Beleidigungen an einem Toten, an Gott, Beleidigungen an einer Personengesamtheit [1]) zugleich Beleidigungen gegen einen bestimmten Menschen sein, wenn sie eine Mißachtung dieses Menschen enthalten.

4) Beleidigungen durch Unterlassungen.

Eine Beleidigung kann auch durch eine Unterlassung begangen werden [2]). Vielleicht dient gerade die Erörterung der Frage, wie eine Unterlassung beleidigend sein kann, der Lehre von der Strafbarkeit der Unterlassungen überhaupt. Denn diese Lehre trägt immer noch, obgleich sie längst in den allgemeinen Teil der Erörterungen über das Strafrecht aufgenommen ist, die Zeichen ihrer Herkunft aus der Tötungslehre. Die ganzen Erörterungen über die Kausalität des Unterlassens passen für das Beleidigen durch Unterlassen sehr wenig.

Bei der Tötung ist der Erfolg, das Vorhandensein einer Leiche, der Gegenstand, der zunächst das Interesse erregt. Wer hat diesen Erfolg herbeigeführt, das ist die Frage, die sich dann erhebt — die Frage nach dem Kausalzusammenhang zwischen dem Verhalten des einen Menschen und der Umwandlung des anderen Menschen in eine Leiche. Zum Verhalten des Töters muß, damit der Erfolg entstehe, immer noch etwas hinzukommen. Selbst beim Totschlagen eines anderen mit der Keule ist außer dem Schlagen noch erforderlich, daß die Keule trifft, daß sie nicht bricht usw. Die Feststellung, ob das Verhalten des einen die

[1]) Von Beleidigungen gegen eine Personengesamtheit wird man sprechen können, wenn es sich um eine organisierte Personengesamtheit handelt — sie erscheint als Träger von Interessen — Bei unorganiserten Personengesamtheiten (die „Juden", die „deutschen Richter") wird man nur sagen dürfen, an ihnen wird eine Beleidigung verübt.

[2]) Daß es möglich ist, durch Unterlassung zu beleidigen, weist Liepmann, Die Beleidigung, I. Einfache Beleidigung, in Vergleichende Darstellung des deutschen und ausländischen Strafrechts, Besonderer Teil, 4 (Berlin 1906), 272 überzeugend nach.

Tötung des andern darstellt, fordert die Untersuchung, ob das Verhalten für den Tod kausal gewesen ist. Aber nur zu dieser Feststellung soll die Erörterung des Kausalzusammenhangs dienen. Die Frage, ob ein Kausalzusammenhang rechtliche Bedeutung hat, kann nur außerhalb der Frage liegen, ob ein Kausalzusammenhang vorliegt. Deshalb erfordert die Annahme des Kausalzusammenhangs nichts als das Setzen einer Bedingung, die nicht als fehlend gedacht werden kann ohne den Gedanken, daß der Erfolg nicht eingetreten wäre. Im Falle des Unterlassens ist aber auch das Unterlassen eine Bedingung des Erfolges, deshalb für ihn kausal. Ertränkt sich hundert Meilen weit von mir ein Mensch im Ozean, so gehört zu den Bedingungen dieses Todes auch, daß ich ihn nicht rettete.

Die Kausalität eines Unterlassens für einen Erfolg ist freilich in der weit überwiegenden Mehrzahl der Fälle rechtlich gleichgültig. Jedesmal, wenn die Strafbarkeit eines Menschen festgestellt werden soll und deshalb untersucht wird, ob sein Verhalten für einen Erfolg ursächlich war, müssen alle andern Menschen die Verhinderung des Erfolges unterlassen haben. Aber nur die Bestrafung des einen steht in Frage, und der Kausalzusammenhang zwischen dem Erfolg und dem Verhalten aller andern bleibt unberücksichtigt.

Selbst Schriftsteller, die streng auf dem Boden der Bedingungstheorie stehen, leugnen noch ohne Not die Kausalität des Unterlassens [1]).

Eine begriffliche Unterscheidung zwischen Handlung und Unterlassung [2]) zu machen, muß aber überhaupt als unzulässig erkannt werden.

---

[1]) v. Liszt, Lehrbuch des deutschen Strafrechts [16, 17] (Berlin 1908), 132 (§ 30, I): In dem Begriff des Unterlassens ist ein der Kausalität des Tuns analoges Merkmal, nicht die Kausalität selbst gegeben; Finger, Lehrbuch des deutschen Strafrechts I (Berlin 1904), 290: Die Unterlassung als solche hat nie kausale Bedeutung; ebenso: Das Strafrecht (Kompendien des österreichischen Rechts) I [2] (Berlin 1902), 211, und andere.

[2]) Die Unterscheidung zwischen Handlung und Unterlassung, echter oder unechter, Verbot und Gebot wird von Binding besonders betont. Er erklärt insbesondere, die Beleidigung sei ein Verletzungsdelikt, durch echte Unterlassung unbegehbar (Lehrbuch des gemeinen deutschen Strafrechts Besonderer Teil I [2] (Leipzig 1902), 170 — § 39, II, 2 —).

Handlung ist nichts anderes als Bewegung, Herbeiführung einer Veränderung in der Außenwelt [1]), Unterlassung nichts anderes als Ruhen [2]). Daß aber Ruhen und Bewegung, Veränderung und Nichtveränderung nichts grundsätzlich verschiedenes sind, sollte seit Kants Ankündigungsschrift, Neuer Lehrbegriff der Bewegung und Ruhe [3]), nicht mehr unbeachtet bleiben. Bewegung und Veränderung, Ruhe und Nichtveränderung beziehen sich lediglich auf das Verhältnis zwischen mehreren Dingen, sind nicht absolute Begriffe. Im Verhältnis zu der Außenwelt, der Gesamtheit des außer ihm seienden ist niemand länger als eine unendlich kleine Zeit in Ruhe. Spielt sich, während seine Glieder im Verhältnis zueinander in Ruhe sind, außer ihm eine Veränderung ab, so ist er im Verhältnis hierzu in Bewegung. Zwischen Tätigkeit und Unterlassung gibt es keinen begrifflichen Unterschied. Der Begriff jedes Tuns, auch der Beleidigung, kann durch ein Ruhen des Handelnden, durch ein Unterlassen so gut erfüllt werden, wie durch sein Tun, seine Bewegung.

Eine Veränderung in der Außenwelt findet im Verhältnis zu jedem einzelnen Menschen — gleichgültig, ob seine Körperteile im Verhältnis zueinander ruhen oder sich bewegen, in jedem endlichen Zeitraum statt. Ob die Veränderung in einer Erschütterung der Luft besteht oder in einem Zusammenfallen von Umständen wie die, daß ein Mensch am andern vorübergeht, dabei seinen Kopf zu ihm hinwendet und mit der Hand eine Bewegung macht, durch die der Hut von seinem Kopf entfernt und wieder dorthin gesetzt wird, während der andere in ruhiger Haltung weitergeht, das ist für die Frage nach dem Vorliegen der Be-

---

[1]) Binding, Handbuch des Strafrechts (Systematisches Handbuch der deutschen Rechtswissenschaft, herausgegeben von Binding, 7. Abteilung, I. Teil), I (Leipzig 1885), 167: Eine bestimmte Veränderung in der Außenwelt soll durch menschliche Tat herbeigeführt werden; Die Normen und ihre Übertretung, I [2] (Leipzig 1885), 110, ist aus der Veränderung in der Außenwelt die Veränderung in der Rechtswelt geworden. Vgl. die Normen und ihre Übertretung I [1] (Leipzig 1872), 37.

[2]) Binding, Die Normen und ihre Übertretung I [2], 110: Die Verbote lassen den Menschen ruhen, wenn er will. Ebenso Handbuch a. a. O. Vgl. auch die Normen und ihre Übertretung II (Leipzig 1877), 224 ff.

[3]) 1757 — Immanuel Kants sämtliche Werke, herausgegeben von Hartenstein, II (Leipzig 1876), Nr. 13.

leidigung unerheblich; es kommt nur darauf an, ob das Verhalten sich als Mißachtung darstellt.

Auch auf die Frage nach der Rechtswidrigkeit, Pflichtwidrigkeit des Unterlassens darf aber das Gewicht nicht gelegt werden. Denn die Lehre von der Rechtswidrigkeit als allgemein gültigem Merkmal im Tatbestand strafbarer Handlungen findet im Gesetz keine Stütze [1]). Das Strafgesetz erörtert im allgemeinen Teil des Strafgesetzbuchs in seinen Bestimmungen über die Gründe, die die Strafe ausschließen, Fälle, die als Fälle des Fortfalls der Rechtswidrigkeit sich zusammenfassen lassen; es gibt auch im Abschnitt über die Beleidigungen Fälle der Straflosigkeit, die als Fälle des Fehlens der Rechtswidrigkeit bezeichnet werden können (Wahrheit der Behauptung, tadelnde Urteile über wissenschaftliche, künstlerische und gewerbliche Leistungen, Äußerungen, gemacht zur Ausführung und Verteidigung von Rechten und zur Wahrnehmung berechtigter Interessen, Vorhaltungen und Rügen der Vorgesetzten gegen ihre Untergebenen, dienstliche Anzeigen und Urteile eines Beamten und ähnliche Fälle); es mögen auch in andern Rechtsgebieten Sätze vorhanden sein, die ein Tun gestatten, und deshalb nach dem Zusammenhang in der Rechtsordnung, für straffrei erklären, was sonst unter den Tatbestand eines Strafgesetzes fallen würde — sobald die Lehre von der Rechtswidrigkeit mehr ist als eine Erläuterung zu solchen einzelnen Fällen, abgeleitet aus ihnen, sobald ist sie rechtstheoretisch, erörtert übergesetzliches Recht. Das Gesetz bezeichnet den gesetzlichen Tatbestand, dessen Herbeiführen die Strafbarkeit bewirkt; für das Vorliegen der Beleidigung kommt es auf nichts anderes an, als darauf, ob der Achtung, die der Beleidigte genießt, das eine Wertung ausdrückende Verhalten entspricht.

---

[1]) Graf zu Dohna, Die Rechtswidrigkeit als allgemein giltiges Merkmal im Tatbestand strafbarer Handlungen (Halle 1905), arbeitet nur mit Erwägungen übergesetzlichen Rechts. Er stellt an die Normen des Rechts „die Anforderung, daß sie rechtes Mittel zu rechtem Zweck seien" (S. 48). Ob solche rechtstheoretischen Erwägungen bei der Anwendung des Rechts anzustellen sind, danach ist in dieser Arbeit nicht zu fragen. Inhalt des Gesetzes sind sie nicht. — Vgl. Heimberger, Rechtmäßiges und rechtswidriges Handeln, in Vergleichende Darstellung des deutschen und ausländischen Strafrechts. Allgemeiner Teil, 4 (Berlin 1908), 4 und die dort zitierten (Note 2).

d) Beleidigung und Ehre bei fürstlichen Personen.

1. Ehrverletzung und Ehrfurchtsverletzung.

In den Paragraphen 95, 97, 99, 101 ist die Verletzung der durch Handlungen verletzbaren Ehre der hier genannten Personen in vollem Umfang unter Strafe gestellt. Welche Arten der Beleidigung straflos sind, wenn sie gegen andere als die hier genannten begangen werden, ist darum ohne jede Bedeutung [1]). Das Gesetz sagt: Wer ... (die Genannten) ... beleidigt, d. h. jeder, der sie irgendwie beleidigt, wird bestraft. Die Beleidigung kann, wie schon ausgeführt ist, auch in der wahren Behauptung von Tatsachen bestehen. Gibt aber, wie diese Arbeit annimmt, das Strafgesetzbuch keine Begrenzung des strafrechtlichen Begriffs Beleidigung, so umfaßt das Wort, allgemein gebraucht, wie in den Paragraphen 95, 97, 99 und 101 [2]), auch diese Arten der Beleidigung.

Ein wie hoher Teil der gegen Beleidigungen geschützten Ehre fürstlicher Personen in ihrer Stellung liegt, ist schon erwähnt. Es muß betont werden, daß sich aus dem Begriff der Beleidigung kein Unterschied ableiten läßt zwischen der Achtung, die auf Grund der Stellung, und der, die auf Grund moralischer Eigenschaften bewiesen wird. Mag sich die Meinung vertreten lassen, eine andere Achtung gebühre den einzelnen auf Grund ihrer sittlichen Eigenschaften, eine andere auf Grund ihrer äußeren Stellung — im tatsächlichen Achtungsbeweis kommt es nicht zum Ausdruck, woraufhin sie geehrt werden. Ein äußerlich hoch gestellter wird, wo nicht das Gegenteil bekannt ist und die Achtung

---

[1]) So im Prinzip v. Liszt, Lehrbuch des deutschen Strafrechts [16, 17] (Berlin 1908), 546 (§ 168, I); Olshausen, Kommentar zum Strafgesetzbuch für das deutsche Reich 1[8] (Berlin 1909), § 95, 7 (S. 405), gegen Binding, Lehrbuch des gemeinen deutschen Strafrechts, besonderer Teil 1 [2] (Leipzig 1902), 169 (§ 39, II); van Calker, Hochverrat und Landesverrat, Majestätsbeleidigung. II. Die Majestätsbeleidigung, in Vergleichende Darstellung des deutschen und ausländischen Strafrechts, besonderer Teil I (Berlin 1906), 98; Gerland, Feindliche Handlungen gegen befreundete Staaten, ebenda, 232; Frank, Das Strafgesetzbuch für das Deutsche Reich, 5-7 (Berlin 1908), § 95, III (S. 188); Rosenfeld, Die Nebenklage des Reichsstrafprozesses (Berlin 1900), 111.

[2]) Übrigens auch 103, 104 und (an sich — die Rücksicht auf § 186 ändert hier die Bedeutung, wie noch darzulegen sein wird) 185.

vor ihm auch erlaubt, diese Kenntnis zum Ausdruck zu bringen, so behandelt, als ob er auch geistig und moralisch hoch stünde; wer ihn als geistig oder moralisch in irgendeiner Hinsicht tiefstehend behandelt, beleidigt ihn, auch wenn seine Stellung nicht erfordert, daß er in dieser Hinsicht hoch stehe. Soweit sich in den Personen, deren Beleidigung Majestätsbeleidigung ist, die Staatsautorität verkörpert, ist die Achtung, die dem Vertreter der Staatsautorität erwiesen wird, mit der Achtung, die der Person erwiesen wird, zu untrennbarer Einheit verschmolzen. Außerhalb der Kreise, in denen etwa der Fürst überhaupt als verständnislos für Kunstdinge behandelt wird, beleidigt auch den Vertreter der Staatsautorität, wer dem Fürsten das Kunstverständnis abspricht, und außerhalb der Kreise, in denen etwa der Vertreter der Staatsautorität mißachtet wird, beleidigt auch den Fürsten als Persönlichkeit, wer ihm die Ehrung verweigert, die jedem Monarchen erwiesen wird, ob er moralisch Achtung verdient oder nicht.

Genießt der Fürst mit aller Ehre, die ihm erwiesen wird, strafrechtlichen Schutz, so kann kein Unterschied zwischen Ehrfurchtsverletzungen und Ehrverletzungen ihm gegenüber konstruiert werden. Ist die Ehre das die Achtung ausdrückende Verhalten, so ist die Ehrfurcht nichts anderes als ein hoher Grad von Achtung, eine aus hoher Achtung entspringende Scheu vor einem ehrverletzenden Verhalten. Solche Ehrfurcht kann aus verschiedenen Gründen einem andern entgegengebracht werden. Der Fromme empfindet seinem Gott gegenüber Ehrfurcht, er scheut sich, ihn auch nur im geringsten zu mißachten; dem Alter gegenüber spricht man von Ehrfurcht. Genau so kann man einem Hochgestellten gegenüber von Ehrfurcht sprechen, ohne daß damit etwas anderes bezeichnet ist, wie eine durch seine Stellung begründete besonders hohe Achtung. Königen und ihren Familienmitgliedern gegenüber pflegt man eine besonders hohe Achtung an den Tag zu legen. Die Aufgaben, die ihnen gestellt sind, sind besonders groß und wichtig; in der Voraussetzung, daß sie diesen Aufgaben genügen, verhält man sich ihnen gegenüber, als ob sie besonders vorzügliche Personen wären.

Ehrfurcht bezeichnet unmittelbar das Gefühl einer hohen Wertung, mit dem der Ehrfürchtige dem andern gegenübersteht. Die Ehrfurchtsverletzung kann entweder darin bestehen, daß ein anderer dieses Gefühl verletzt, daß ein anderer durch sein Verhalten dieses Gefühl nicht achtet, daß sein Verhalten diesem Gefühl widerspricht, oder es kann heißen, daß der Ehrfürchtige selbst sich anders verhält, als seiner Ehrfurcht entsprechen würde. In der zweiten Art kann eine Ehrfurchtsverletzung auch in einem nur dem Ehrfürchtigen selbst bekannten Verhalten geschehen; solche Ehrfurchtsverletzung würde keine Beleidigung sein, da sie sich in keinem Kreise abspielt, in dem dem andern höhere Achtung entgegengebracht wird — sie ist eben der Ausdruck des Grades von Achtung, die der zu andern Zeiten Ehrfürchtige im Augenblick der Tat dem andern entgegenbringt —, sonst aber ist Ehrfurchtsverletzung in einem wie in dem andern Sinne im Grunde dasselbe: ein Verhalten, das der Ehrfurcht widerspricht, die dem Gegenstand der Ehrfurcht dort entgegengebracht wird, wo die Ehrfurchtsverletzung sich abspielt; sie ist genau identisch mit der Ehrverletzung, mit der Beleidigung, nur ein anderer, die Intensität der Wertung und des Wertung zugrunde liegenden Gefühls bezeichnender Ausdruck [1]).

Dagegen darf nicht eingewendet werden, daß andere Gesetze sich bei der Majestätsbeleidigung des Ausdrucks Ehrfurchtsverletzung bedient und damit etwas anderes als Beleidigen gemeint hätten, daß besonders das Preußische Strafgesetzbuch vom 14. April 1851 den Ausdruck gebraucht habe: wer durch Worte, Schrift, Druck, Zeichen, bildliche oder andere Darstellungen die Ehrfurcht gegen den König verletzt, daß aber das Reichsstrafgesetzbuch von dieser Fassung des preußischen Strafgesetzbuches abgewichen sei und damit einen andern Standpunkt eingenommen

---

[1]) Doehn, Der Begriff der Majestätsbeleidigung und ihr Verhältnis zur gemeinen Beleidigung nach dem Reichsstrafgesetzbuch, in Zeitschrift für die gesamte Strafrechtswissenschaft 21 (Berlin 1901), 502, meint, dem Schulden der Ehrfurcht entspreche ein Anspruch auf „besondere" Achtung, Beleidigung und Ehrfurchtsverletzung unterschieden sich nach Inhalt und Umfang von einander — wodurch, sagt er nicht. Da das Wort Beleidigung ohne Ausschließung der Verletzung irgend einer „besonderen" Achtung, ohne Einschränkung auf irgend eine allgemeine Achtung gebraucht wird, läßt sich die Ausschließung der Ehrfurchtsverletzung aus dem Begriff der als Majestätsbeleidigungen strafbaren Handlungen durch die Behauptung, die Ehrfurchtsverletzung beziehe sich auf eine „besondere" Achtung, nicht begründen.

habe [1]). Im Gegenteil, die geschichtliche Betrachtung würde geradezu, wenn man ihr einen Wert für die Gesetzesauslegung beimessen dürfte, zeigen, daß Ehrfurchtsverletzung nichts anderes bedeutet hat, als Ehrverletzung, Beleidigung. Aus dem crimen majestatis schied die gemeinrechtliche Doktrin das crimen laese venerationis als Beleidigung des Fürsten in seiner Stellung als Privatperson [2]) aus. Dieselbe Scheidung haben das preußische Allgemeine Landrecht [3]) und die Josephina [4]), wenn sie vom Verletzen der Ehrfurcht gegen den Landesherrn, vom Verletzen der schuldigen Ehrerbietung gegen den Landesfürsten sprechen. Dieses ehrfürchtige, ehrerbietige Verhalten dem Staatsoberhaupt gegenüber wird als seiner Stellung sowohl wie seiner Person geschuldet betrachtet, die Verletzung der Ehrfurcht wird unterschieden als leichterer Fall von der schwereren Art der Beleidigung, der Schmähung durch Worte, Schriften, Zeichen usw., aber ein begrifflicher Unterschied zwischen Ehrverletzung und Ehrfurchtsverletzung ist nicht gemeint, wird auch in den Kommentaren und Lehrbüchern des preußischen Strafrechts nicht gemacht. Ehrfurcht ist in der Tat nur ein stärkerer Ausdruck als Achtung der Ehre. Er wird verwendet, weil man dem Fürsten gegenüber sich besonders ehrerbietiger Ausdrücke im Gesetz bedienen zu sollen glaubt, wie noch das heutige Strafgesetzbuch „sich einer Tätlichkeit schuldig machen" sagt, statt zu sagen „eine Tätlichkeit begehen", wie andere Gesetze gelegentlich

[1]) Wie dies van Calker, Hochverrat und Landesverrat. Majestätsbeleidigung, in Vergleichende Darstellung des deutschen und ausländischen Strafrechts, besonderer Teil I (Berlin 1906), 95 annimmt.

[2]) Vgl. Temme, Lehrbuch des gemeinen deutschen Strafrechts (Stuttgart 1876), 221.

[3]) Definition der Majestätsbeleidigung: persönliche Beleidigung des Staatsoberhaupts in seiner Würde ohne hoch- oder landesverräterische Absicht; 3 Fälle: tätliche Beleidigung ohne Gefahr für Leben oder Freiheit des Regenten; Beleidigungen durch ehrenrührige Schmähungen des Staatsoberhauptes mit Worten, Schriften oder anderen sinnlichen Darstellungen; andere dergleichen boshafte die Ehrfurcht gegen den Landesherrn verletzende Äußerungen über die Person und die Handlungen desselben (II, 20, §§ 196—200).

[4]) Der beleidigten Majestät ist auch (neben dem, der den Landesfürsten tätlich angreift) derjenige schuldig, der die pflichtmäßige Ehrerbietung gegen den Landesfürsten aus den Augen setzt und in öffentlicher Rede oder Schrift denselben anzugreifen die Vermessenheit hat (§ 43).

„die geheiligte Person des Landesherrn“ statt „der Landesherr“ sagen. Ein Nebeneinander von Beleidigen und Verletzen der Ehrfurcht scheint denn auch in der deutschen Partikulargesetzgebung nirgends bekannt gewesen zu sein [1]).

Der Begriff der Ehrfurchtsverletzung hat sich aus der Majestätsbeleidigungslehre des gemeinen Rechts in unsere Tage hinübergerettet und nachhinkend hat die Wissenschaft sich bemüht, ihn in einen Gegensatz zur Ehrverletzung zu stellen. Vielfach wird gesagt, die Ehrfurchtsverletzung gegen einen Fürsten sei keine Majestätsbeleidigung, ohne daß näher angegeben wird, wodurch sie sich von dieser unterscheide [2]). Binding [3]) und ihm folgend Tuteur [4]), ähnlich Meents [5]) sehen in der Beleidigung das Verletzungsdelikt — durch echte Unterlassung unbegehbar [6]) — in der Ehrfurchtsverletzung die nicht strafbare Unterlassung einer nicht gebotenen Ehrfurchtserweisung. Die Unterscheidung beruht also auf Bindings Unterscheidung

---

[1]) Zusammenstellung der Strafgesetze auswärtiger Staaten nach der Ordnung des revidierten Entwurfs des Strafgesetzbuchs für die königlich preußischen Staaten (1836), Ausgabe in 8°, 2 (Berlin 1838), 46—68.

[2]) Frank, Das Strafgesetzbuch für das Deutsche Reich, 5-7 (Berlin 1908), § 95 I (S. 187): Die bloße Ehrfurchtsverletzung, die bloße Taktlosigkeit ist keine Majestätsbeleidigung. — Soweit Ehrfurchtsverletzung damit der Taktlosigkeit gleichgesetzt werden soll, würde es nur ein Streit um Worte sein, zu sagen, Ehrfurchtsverletzung sei nicht Taktlosigkeit sondern Beleidigung. Frank verweist aber, ohne seine eigene Meinung näher zu erläutern, auf zwei Reichsgerichtsentscheidungen (Entscheidungen des Reichsgerichts, herausgegeben von den Mitgliedern des Gerichtshofs, Entscheidungen des Reichsgerichts in Strafsachen, 3 — Leipzig 1881 —, 435 — hier wird nicht eigentlich etwas unmittelbar über die Ehrfurchtsverletzung gesagt — und Archiv für Strafrecht und Strafprozeß, begründet durch Goltdammer 46 (Berlin 1898/1899), 336 — hier wird die Ehrfurchtsverletzung als nicht immer den Tatbestand der Beleidigung erfüllend bezeichnet, aber nicht gesagt, wodurch sie sich von dieser unterschiede). van Calker, Hochverrat und Landesverrat. Majestätsbeleidigung, in Vergleichende Darstellung des deutschen und ausländischen Strafrechts, besonderer Teil I (Berlin 1906), 95.

[3]) Lehrbuch des gemeinen deutschen Strafrechts, besonderer Teil, I [2] (Leipzig 1902), 170 (§ 39 II 2).

[4]) Die Majestätsbeleidigung des deutschen Reichsstrafgesetzbuchs (Würzburger Inaugural-Dissertation, 1905), 42.

[5]) Die Majestätsbeleidigung in geschichtlicher und dogmatischer Beziehung (Erlanger Inaugural-Dissertation, 1894), 71.

[6]) Binding, a. a. O., 136 (§ 32 I).

zwischen Geboten und Verboten, Handlungen und Unterlassungen. Die Unhaltbarkeit dieser Lehre, die zu widerlegen in dieser Arbeit unternommen worden ist, macht jene Unterscheidung unmöglich.

Meves[1]) will die Ehrfurchtsverletzung dadurch von der Beleidigung unterscheiden, daß diese, wenn sie nicht eine objektive Beleidigung sei, die Absicht der Ehrverletzung erfordere, jene auch ohne diese Absicht gegeben sei. Es ist aber heute erkannt und wird nicht mehr bezweifelt, daß, was objektiv keine Beleidigung ist, durch die Absicht des Täters nicht Beleidigung wird. Was Beleidigung ist, wenn eine Absicht zu beleidigen vorliegt, ist auch ohne diese Absicht Beleidigung, kann also nicht eine von der Beleidigung verschiedene bloße Ehrfurchtsverletzung sein.

Die besondere Ehrfurcht gegen den Träger der Krone, der Teil seiner Ehre, der eine Wirkung seiner Sonderstellung in der Monarchie auf die Wertung seiner Persönlichkeit durch das Verhalten der Staatsbürger ist, läßt sich nicht aus dem gesamten Inhalt seiner Ehre ausscheiden, da die tatsächliche Ehrerweisung nicht erkennen läßt, auf Grund welcher Eigenschaften des Geehrten sie geschieht. Die Frage, ob durch eine gesetzliche Formulierung die leichtesten Verletzungen der Ehre fürstlicher Personen aus dem Tatbestand der strafbaren Beleidigungen ausgeschieden werden können, geht die Gesetzesredaktoren an, wenn sie einen Teil ihrer Ehre deshalb schutzlos lassen wollen, weil ein Teil ihrer Ehre auf ihrer äußeren Stellung allein beruht und für ihre Persönlichkeit geringen Wert hat. Der alles umfassende Ausdruck des geltenden Gesetzes, Beleidigung, läßt keine Art der Beleidigung von Fürsten straflos.

2) Geisteskranke und Kinder.

Bestraft wird auch die Beleidigung gegen geisteskranke Fürstlichkeiten und Fürstlichkeiten in jeder Altersstufe. Den Fürsten und Mitgliedern fürstlicher Häuser wird, eben wegen ihrer Geburtsstellung, schon als Neugeborenen ganz sicher Ehre erwiesen. Sie werden taugliche Gegenstände der Beleidigung nicht erst vom Erreichen irgendeiner Altersstufe, vom Eintritt in die Schule oder

[1]) Die Verbrechen gegen den Staat, in Handbuch des deutschen Strafrechts, herausgegeben von v. Holtzendorff, 4 (Berlin 1877), 299.

vom Verlassen der Schule an. Wie die Schloßwache vor den Mitgliedern eines fürstlichen Hauses ins Gewehr tritt, so haben sie ihre Ehre in weiten Kreisen der Landesbevölkerung, noch bevor sie reden können; wer einem jungen Prinzen nachsagt, er sei taubstumm, geistig zurückgeblieben, körperlich entstellt, der beleidigt ihn. Wer einen geisteskranken Prinzen so nennt, ehe seine Geisteskrankheit offenkundig ist, oder wer ihm außerhalb seiner Krankheit liegende Fehler und Gebrechen nachsagt oder mit seiner Krankheit zusammenhängende, die nicht bekannt sind, oder wer ihn mit Schimpfworten belegt, der beleidigt ihn.

3) Mittelbare Beleidigungen.

Möglich sind auch den in den Paragraphen 95, 97, 99, 101 genannten Personen gegenüber mittelbare Beleidigungen, die eine Mißachtung dieser Personen durch Beleidigungen an Sachen oder an Verstorbenen oder an Einrichtungen oder durch Mißachtungen gegen andere Personen zum Ausdruck bringen. Wer durch den Ausdruck seiner Verachtung gegen den Orden, den ein Fürst gestiftet hat, seine Mißachtung gegen den Fürsten zum Ausdruck bringt, der beleidigt ihn — es muß freilich in allen diesen Fällen, wenn eine Bestrafung der Beleidigung in Frage kommen soll, das Bewußtsein des Täters die Kenntnis umfassen, daß er die bestimmten Personen beleidige (StGB. § 59).

Auch wer eine Aktiengesellschaft oder irgendeine Personengesamtheit beleidigt, kann dadurch unter Umständen eine Beleidigung gegen einen Fürsten begehen.

4) Beleidigungen an Personengesamtheiten und an Toten.

Beleidigungen gegen Personengesamtheiten oder an Personengesamtheiten sind, auch wenn zu diesen Personengesamtheiten Fürsten gehören oder wenn sie aus Fürsten bestehen, nie unmittelbare Majestätsbeleidigungen. Die Paragraphen 95, 97, 99, 101 erwähnen nur die Beleidigungen gegen einzelne Personen.

Sie erwähnen auch nur die Beleidigungen gegen lebende Personen. Der Kaiser, der Landesherr, der Bundesfürst, der Regent, das Mitglied eines landesherrlichen oder bundesfürstlichen Hauses, das sind nur die lebenden. Verstorbene können Mitglieder fürstlicher Häuser gewesen sein, sie sind es nicht mehr. Man sagt zwar wohl auch, der verstorbene N. N., das ist aber nur ein abgekürzter, ungenauer Ausdruck für: der Verstorbene, der N. N. war.

e) Vollendung der Beleidigung.

Vollendet ist die Beleidigung meist zugleich mit dem Verhalten des Beleidigers. So lange freilich nur der Täter selbst das Verhalten kennt, spielt es sich nicht in einem Kreise ab, mit dessen Wertschätzung des andern es in Widerspruch stehen könnte, widerspricht also keiner Wertschätzung des andern. Deshalb ist die Wahrnehmung des Verhaltens durch andere ein Tatbestandsmerkmal der Beleidigung, die Beleidigung strafbar nur, wenn sie von andern wahrgenommen ist. Ob sonst ein, bei allen Arten der Beleidigung strafloser Versuch [1]) oder ein Putativdelikt [2]) gegeben ist, braucht hier nicht untersucht zu werden.

Bedeutsam ist die Frage, wann die Vollendung eintritt, dann, wenn das Verhalten nicht unmittelbar die Beleidigung darstellt, sondern erst seine Wirkung an einem andern Ort oder zu einer andern Zeit. Solange ein Brief, der Mißachtungsäußerungen enthält, niemandem bekannt geworden ist, liegt eine Beleidigung nicht vor, da das Begriffsmerkmal der Beleidigung, daß die Handlung der Achtung des Kreises widerspricht, in dem sie vorgenommen wird, nicht gegeben ist. Wird der Brief von jemand gelesen, von dem der Schreiber nicht wußte, daß er ihn lesen würde, so ist die Beleidigung nicht strafbar, weil der Schreiber nicht wußte, daß sie von jenem gelesen werden würde, sein Vorsatz also ein Tatbestandsmerkmal nicht umfaßte (StGB. § 59). Strafbarkeit liegt erst vor, wenn der Brief denen zur Kenntnis kommt, bei denen der Schreiber wußte, daß sie ihn lesen würden, falls

---

[1]) Nach der Auffassung des Versuchs in dem Sinne, wie v. Liszt (Lehrbuch des deutschen Strafrechts [16, 17] — Berlin 1908 — 200, § 46), Delaquis (Der untaugliche Versuch — Berlin 1904, Abhandlungen des kriminalistischen Seminars an der Universität Berlin, herausgegeben von v. Liszt, Neue Folge III — 132), Kriegsmann (Wahnverbrechen und untauglicher Versuch — Breslau 1904, Strafrechtliche Abhandlungen, begründet von Bennecke, herausgegeben von v. Lilienthal, 51 — 33), Olshausen, Kommentar zum Strafgesetzbuch für das Deutsche Reich, I [8] — Berlin 1909 — § 43, 20 (S. 152), und andere sie vertreten.

[2]) Im Sinne der Lehre, die Frank, Strafgesetzbuch für das Deutsche Reich [5-7] — Berlin 1908 — § 43, I (S. 69), und die von ihm genannten geben.

die Mißachtungsäußerung ihrer Art, dem Beleidigten Achtung auszudrücken, widerspricht.

Die Bestrafung einer Beleidigung erfordert das Bewußtsein des Täters, daß sein Verhalten beleidigend ist [1]). Er muß wissen, daß sein Verhalten alles enthält, was zum Begriff der Beleidigung gehört, daß die Achtung, die der Beleidiger da genießt, wo der Beleidiger handelt, ein anderes, höhere Achtung ausdrückendes Verhalten erfordert, als das des Beleidigers. Dazu gehört das Bewußtsein, daß das Verhalten des Beleidigers Mißachtung enthält (im Gegensatz zu plumpen Ausdrücken oder Gebärden, die der Täter nicht als Mißachtungsäußerungen ansieht).

II. Wert des ermittelten Begriffes Beleidigung.

Nicht jede Beleidigung ist strafbar. In welchen Fällen nach den Vorschriften des vierzehnten Abschnitts Beleidigungen straflos bleiben, wird noch zu untersuchen sein, wenn festgestellt ist, was als Majestätsbeleidigung nach den Vorschriften der Paragraphen 95, 97, 99, 101, und welche Majestätsbeleidigung auf Grund des Gesetzes vom 17. Februar 1908, Absatz 5 nach den Vorschriften über gemeine Beleidigung zu bestrafen ist.

Hier genügt die Definition der Beleidigung. Jedes Verhalten, das eine geringere Achtung zum Ausdruck bringt, als dem Mißachteten in dem Kreise sonst entgegengebracht wird, in dem das Verhalten sich abspielt, ist Beleidigung.

Es mag sein, daß diese Definition keine sehr festen Merkmale enthält. Es scheint aber die einzige zu sein, die den Begriff der Beleidigung erschöpfend beschreibt. Leidet sie an Dehnbarkeit, so liegt das daran, daß das Gesetz nur vom Beleidigen spricht, feste Tatbestandsmerkmale für das Vorliegen der Beleidigung aber nicht gibt. Würde das Gesetz nur sagen, „wer stiehlt", „wer raubt", wird bestraft, die Unsicherheit würde nicht

---

[1]) Vorsatz im Sinne der Vorstellungstheorie. Nur der Vorsatz der Vorstellungstheorie läßt sich als allgemein giltiges Merkmal der strafbaren Handlung, neben der Fahrlässigkeit, aus dem Strafgesetzbuch (§ 59) ableiten. Ob, wo das Gesetz das Wort vorsätzlich gebraucht, vielleicht etwas anderes gemeint ist, ist an dieser Stelle nicht zu untersuchen.

viel geringer sein. Mit der Definition, die das Gesetz[1]) gibt, beugt es Zweifeln und Schwierigkeiten in größerem Maße vor, läßt dafür aber Handlungen außerhalb des gesetzlichen Tatbestands bleiben, die man sonst als stehlen oder rauben bezeichnen würde (Stehlen geistigen Eigentums, Stehlen von Elektrizität, Stehlen eines Stückes Acker, eines Kindes, eines Geheimnisses, Rauben mit Gewalt gegen Tiere oder Sachen[2]).

Jede Auslegung des Beleidigungsbegriffs, die aus Abneigung gegen die ungesunde Sucht des Deutschen, sich durch alles mögliche beleidigt zu fühlen, gegen seine Stubenhockerempfindlichkeit den Begriff einschränkt, erläutert in Wahrheit nicht das Gesetz, sondern trägt in das Gesetz hinein, was wünschenswert und gut sein mag, im Gesetz allein aber nicht enthalten ist.

Die Untersuchungen dieser Arbeit über den Begriff der Beleidigung kommen der allgemeinen Formel nahe, mit der Frank[3]) die Beleidigung definiert: Beleidigung ist eine Handlung, die geeignet ist, den Eindruck der Mißachtung einer Person hervorzurufen. Nur führen Frank seine Untersuchungen über den Gegenstand des Angriffs bei der Beleidigung[4]) dazu, Mißachtensäußerungen, die sich nicht auf Eigenschaften beziehen, die der Betroffene gerade seiner sozialen Stellung nach besitzen muß, nicht als Beleidigung anzusehen[5]).

Das Ergebnis der Arbeit steht auch dem nahe, was Merkel in seinem Lehrbuch des deutschen Strafrechts[6]) sagt

---

[1]) StGB. § 242: Wer eine fremde bewegliche Sache einem andern in der Absicht wegnimmt, dieselbe sich rechtswidrig zuzueignen.....

§ 249: Wer mit Gewalt gegen eine Person oder unter Anwendung von Drohungen mit gegenwärtiger Gefahr für Leib und Leben eine fremde bewegliche Sache einem andern in der Absicht wegnimmt, sich dieselbe rechtswidrig zuzueignen.....

[2]) So auch Gutherz, Studien zur Gesetztechnik II — Strafrechtliche Abhandlungen, begründet von Bennecke, herausgegeben von v. Lilienthal, 98 — Breslau 1909 — 37.

[3]) Das Strafgesetzbuch für das Deutsche Reich, 5-7 — Berlin 1908 — § 185, I (S. 308).

[4]) a. a. O. Vierzehnter Abschnitt, I (S. 306).

[5]) a. a. O. § 165 I (S. 308).

[6]) Juristische Handbibliothek — Stuttgart 1889 — 287.

Beleidigungen sind Handlungen, welche.... [1]) Geringschätzung bekunden... [2]). Die Ehre ist weder identisch mit dem inneren Wert einer Person noch mit der Anerkennung derselben durch andere, noch mit den Bewustsein von dieser Anerkennung... [3]) Immerhin schränkt Merkel den Beleidigungsbegriff in freilich nicht ganz scharf bestimmter Weise ein, rechnet zu den „Bedingungen der Ehre" „im allgemeinen" die Erfüllung der gesellschaftlichen und staatlichen Anforderungen und sieht nicht durch jeden, selbst rechtswidrigen Ausdruck der Geringschätzung das Delikt der Beleidigung als begründet an [4]).

Einem anderen Schriftsteller sich völlig anschließen konnte diese Arbeit nicht. Sie mußte deshalb ihren eigenen Weg gehen. Es ist schon erwähnt, daß der Begriff der Beleidigung nichts weniger als eindeutig, und daß es deshalb nicht möglich ist, andere Ansichten, als die hier vorgetragene, beweisend zu widerlegen, oder die Richtigkeit der hier entwickelten zu behaupten oder zu beweisen.

Wenn aber die Elemente der Beleidigungsdefinition, die in dieser Arbeit aufgestellt worden ist, sich mehr oder minder deutlich auch bei anderen Schriftstellern auffinden lassen, die das gleiche Gebiet untersuchen und zu abweichenden Ergebnissen gelangen, und wenn es sich weiter zeigt, daß manche Abweichungen von der Ansicht, die hier vorgetragen wird, auf nachweisbaren Fehlern beruhen, andere, wenn nicht widerlegbar, so doch einigermaßen angreifbar sind, so wird das geeignet sein, es wahrscheinlich zu machen, daß die Ansicht dieser Arbeit annähernd das richtige trifft. Hierfür genügt es, wenn nur einige der wichtigsten andern Ansichten herausgegriffen werden. Die Vollständigkeit braucht bei der Darstellung nicht erstrebt zu werden.

Es ist insbesondere nicht nötig, sich mit den Erörterungen über Beleidigung und Ehre in den älteren Lehrbüchern des Straf-

---

[1]) freilich nur: welche „in rechtswidriger Weise" Geringschätzung bekunden. Das Erfordernis der Rechtswidrigkeit bedeutet eine weitgehende Einschränkung gerade für das Gebiet der Majestätsbeleidigung, a. a. O. 288, 382.

[2]) oder hervorzurufen geeignet sind — das bedeutet aber bei Merkel keine begriffliche Unterscheidung.

[3]) a. a. O. 289.

[4]) a. a. O. 288.

rechts ausführlich auseinander zu setzen. Was sie sagen, ist von den neueren Schriftstellern genauer formuliert.

Vollends können die zahlreichen Erörterungen beiseite gelassen werden, die ganz an der Oberfläche bleiben, und unnötig ist es auch auf die Darstellungen von Schriftstellern einzugehen, die von der hier gegebenen Auffassung soweit abweichen, wie etwa von Bar[1]) der die Beleidigung als eine Handlung ansieht, deren Wesen darin besteht, daß sie einem andern Schmerz zufügt, oder Hess[2]) mit seinen wenig geklärten Ausführungen. Die besonderen Untersuchungen über die Majestätsbeleidigung bewegen sich meist entweder in wenig tief gehenden Erörterungen über den Beleidigungsbegriff[3]) oder sie verzichten ganz auf eigene Untersuchungen über den Begriff der Beleidigung[4]).

III. Andere Ansichten über den Begriff Beleidigung.

Die Definition der Ehre und der Beleidigung, die in dieser Arbeit gesucht ist, kommt dem sehr nahe, was von Liszt in seinem Lehrbuch des Deutschen Strafrechts[5]) sagt, wenn man

---

1) Zur Lehre von der Beleidigung mit besonderer Rücksicht auf die Presse, in Der Gerichtssaal 52 — Stuttgart 1896 — 84.

2) Die Ehre und die Beleidigung. Hamburg 1891 — 21, Beleidigung: 1. die Erregung eines Gefühls der Unlust durch Erregung a) der Vorstellung der Ohnmacht, genauer b) der Vorstellung der Überlegenheit des Beleidigers, genauer c) der Vorstellung davon, daß der Beleidiger sich für überlegen hält; 2. welche Erregung weder von der Sitte als bloße Unhöflichkeit oder Taktlosigkeit erachtet wird, noch in Verfolgung eines rechtlich erlaubten Zweckes erfolgt. Derselbe, Neue Thesen — Hamburg 1900 — S. 66: Beleidigen heißt erniedrigen, Beleidigung ist seelische Notzucht, Erregung seelischer Scham, eines Gefühls seelischer Nacktheit vor dem Urteil des Beleidigers.

3) So Frederichs, Die Anwendung der allgemeinen Grundsätze über die Beleidigung speziell auf die Majestätsbeleidigung (Greifswalder Inaugural-Dissertation, 1897), 10 ff.; Doehn, Der Begriff der Majestätsbeleidigung und ihr Verhältnis zur gemeinen Beleidigung, in Zeitschrift für die gesamte Strafrechtswissenschaft, 21 — Berlin 1901 —, 468 ff.; Meents, Die Majestätsbeleidigung in geschichtlicher und dogmatischer Beziehung (Erlanger Inaugural-Dissertation, 1894) 62 ff.

4) So van Calker, Hochverrat und Landesverrat. Majestätsbeleidigung, in Vergleichende Darstellung des deutschen und ausländischen Strafrechts, besonderer Teil I (Berlin 1896), 92, N. 1 — Tuteur, Die Majestätsbeleidigung des deutschen Reichsstrafgesetzbuchs (Würzburger Inaugural-Dissertation, 1905) schließt sich mit seinen Erörterungen Binding an (S. 7).

5) 16. und 17. Auflage (Berlin 1908), 335 ff. (§§ 35, 36).

seine Ausführungen etwas genauer betrachtet. Er nennt Ehre die Wertung durch die andern, die persönliche Geltung bei den Rechtsgenossen. Die Wertung durch die andern, die persönliche Geltung bei den andern wird freilich bei der Erörterung über die Ehre mit der durch die Lebensführung erworbener Achtung, der sozialen Stellung identifiziert, auch wird das Interesse des einzelnen seiner Lebensführung gemäß geachtet zu werden, als Ehre bezeichnet, obgleich die Wertung offenbar nur die Anerkennung einer sozialen Stellung enthält, nicht dasselbe ist, wie die Stellung, und obgleich das Interesse, geachtet zu werden, offenbar das Interesse an der Ehre, nicht die Ehre ist. Bei der Definition der Beleidigung, die von Liszt gibt, läßt er aber die Ehre in der Bedeutung als soziale Stellung und in der Bedeutung als Interesse geachtet zu werden, außer Betracht. Mit der Wertung kann sicher nicht die Wertung im unfeststellbaren und rechtlich gleichgültigen Urteil der andern gemeint sein, es muß also auch bei von Liszt die Ehre die im Verhalten der andern sich ausdrückende Wertung sein. Damit stimmt es überein, daß ihm Ehrverletzung das die Nichtachtung zum Ausdruck bringende Benehmen ist: a) das Absprechen des sittlichen und sozialen Werts und der zur Ausübung des Berufs erforderlichen geistigen und körperlichen Eigenschaften und Fähigkeiten: b) jedes andere die Nichtachtung zum Ausdruck bringende Benehmen). Leider ist der Gedanke, der dieser Definition der Beleidigung entspricht, und zu der Definition der Ehre paßt, wenn man die Ehre als die Wertung ansieht, die sich im Verhalten ausdrückt, nicht klar ausgesprochen, und hierauf beruhen die kleinen Widersprüche in der Darstellung des Lehrbuchs. Ehrverletzung soll nur die eine Art der Beleidigung sein. Neben ihr soll die Ehrgefährdung, Rufgefährdung, die Behauptung unwahrer ehrenrühriger Tatsachen stehen. Die Scheidung erscheint genau und erschöpfend: Beleidigung — Angriff auf die Ehre: a) Verletzung d. h. Angriff, durchgeführt bis zum schädigenden Erfolg, b) Gefährdung, d. h. Angriff, nicht durchgeführt bis zum schädigenden Erfolg; der Begriff Angriff somit geteilt in die beiden Unterbegriffe a und non a, also restlos definiert. Indessen zeigt es sich sofort, daß diese Genauigkeit nur scheinbar ist, die Rufgefährdung ist nämlich keineswegs ein Vorstadium der Ehrverletzung, von Liszt will sie auch durchaus nicht als solches ansehen. Es hat sich nur unversehens für die zweite Unterart der Beleidigung, für die Rufgefährdung, ein anderer Ehrbegriff eingeschlichen, und, daß das nicht beachtet ist, führt dann zu unrichtigen Ergebnissen. von Liszts Ehrverletzung richtet sich gegen den Anspruch auf ein Achtung ausdrückendes Verhalten der andern, seine Rufgefährdung gegen die gute Meinung, die die andern in ihrem Innern haben. Das Wort Wertung durch die andern, persönliche Geltung im Kreis der Rechtsgenossen zeigt sich zweideutig. Es heißt das eine Mal: das die Wertung ausdrückende Verhalten; das andere Mal: die Meinung über den Wert des Gewerteten. Zur Unterscheidung zwischen der Ehrverletzung und der Rufgefährdung kommt von Liszt wohl aus dem Bedürfnis heraus zwischen den beiden Arten der Beleidigung im Strafgesetzbuch (§ 185; § 186) einen Gegensatz zu finden. Aber wenn seine Unterscheidung für das geltende Strafrecht zuträfe, so handelte es sich um zwei Vergehen gegen verschiedene Rechtsgüter. Freilich bliebe dann immer noch in seiner Ausdrucksweise der Fehler, daß die Vergehen sich gegen zwei verschiedene Rechtsgüter richteten, nicht, wie seine Darstellung zu sagen scheint, gegen zwei Arten desselben Rechtsgutes (Gesetzeskonkurrenz müßte dann möglich sein, und dies nimmt von Liszt selbst an, während nach seiner eigenen Lehre[1]) zwischen den Vergehen, gegen dasselbe Rechtsgut durch zwei verschiedene Arten der Begehung, Gefährdung und Verletzung, das Verhältnis der Alternativität bestehen müßte, genauer das der Konsumption der Gefährdung durch die Verletzung). Die genauere Definition der Ehre: Wertung durch das Verhalten der Rechtsgenossen, würde den Fehler unmöglich machen. Dann ist auch Liszts Rufgefährdung eine Art der Ehrverletzung, sie widerspricht dem Anspruch des Ehrenträgers auf ein bestimmtes Verhalten des Beleidigers, ist ein Spezialfall der Ehrverletzung, nicht ein von ihr unterschiedenes Vergehen.

Bei der Lehre von Liszts ist es immerhin leicht sie mit der hier gegebenen zu vereinigen und den Schritt, durch den jene von dieser abweicht, als vermeidbar zu erkennen. Schwieriger

---

[1]) a a. O. 200 (§ 46 I 2).

ist es, die Abweichung bei den Schriftstellern zu ermitteln und als vermeidbar zu erkennen, die bei ihrer Beleidigungslehre von Erörterungen über das Wesen der Ehre ausgehen.

Es wäre nicht denkbar, daß die Lehre von der Beleidigung aus so feinen Untersuchungen, wie sie etwa Weber[1]) und Köstlin[2]), in neuerer Zeit Binding[3]), Kohler[4]), Liepmann[5]), Finger[6]) und Glaser[7]) gegeben haben, nicht einen erheblichen Nutzen gezogen haben sollte. Indessen der größte Teil des Wertes dieser Untersuchungen liegt doch in ihrem Nutzen für die Lehre des richtigen Rechts, und zwar zum Teil nach der Absicht der Verfasser. Erwägungen über das vernünftige Recht liegen immer da zugrunde, wo der Schriftsteller sich gar nicht die Auslegung eines bestimmten Gesetzes zur Pflicht macht (Weber, Köstlin, Glaser, Liepmann, soweit er nicht die Darstellung des Deutschen Rechts gibt). Sie sind aber auch gegeben, wo die Überspannung des Beleidigungsbegriffs zu den größten Fehlern der Lehre gerechnet wird[8]), wo die zu weite Fassung und die zu enge Fassung vermieden[9]), die Verfälschung des Ehrbegriffs bekämpft[10]), un-

---

[1]) Weber, Über Injurien und Schmähschriften 4 (Leipzig 1820).

[2]) Köstlin, Abhandlungen aus dem Strafrecht, nach des Verfassers Tode herausgegeben von Gessler (Tübingen 1885) I. Verbrechen gegen das vermittelte Dasein der Persönlichkeit, 1. Unterabteilung, Verbrechen gegen ihr ideales Medium. Ehrverletzung. S. 1.

[3]) Binding, Lehrbuch des gemeinen deutschen Strafrechts, Besonderer Teil I 2 (Leipzig 1902), 132 (§ 31); derselbe, Die Ehre im Rechtssinn und ihre Verletzbarkeit. (Rektoratsreden an der Universität Leipzig am 31. Oktober 1890, II. Rede des antretenden Rektors, Leipzig 1890 — Buchausgabe, Leipzig 1892.)

[4]) Kohler, Ehre und Beleidigung, in Archiv für Strafrecht und Strafprozeß, begründet durch Goltdammer, 47 (Berlin 1900), 1 ff., 98 ff.

[5]) Liepmann, Die Beleidigung, I. Einfache Beleidigung, in Vergleichende Darstellung des deutschen und ausländischen Strafrechts, Besonderer Teil 4 (Berlin 1906), 217.

[6]) Finger, Das Strafrecht — Compendien des österreichischen Rechts — 2, 117.

[7]) Glaser, Zur Lehre von der Majestätsbeleidigung (Verteidigung gegen eine Anklage in einem Preßprozeß, 1862) — Gesammelte kleinere juristische Schriften, I, Kleine Schriften über Strafrecht und Strafprozeß 2, Wien 1883, 321.

[8]) Kohler, a. a. O., 30.

[9]) Binding, Die Ehre im Rechtssinn 13.

[10]) a. a. O., 28.

juristische Theorien überwunden werden sollen [1]), wo gefragt wird, was der Staat mit Strafe zu bedrohen hat[2]), oder wo sonst ein besonderer juristischer Ehrbegriff gesucht wird [3]). Die Behauptung, daß irgendetwas, was nach dem gewöhnlichen Sprachgebrauch Beleidigung heißt, nicht gemeint sei, wo das Gesetz Beleidigung sagt, enthält schon die Verbesserung des Gesetzes. Sie dient dem Gesetzgeber und einem Richter, dem es mehr auf die Billigkeit als auf das Gesetz ankommt. Die Gesetzeskenntnis fördern solche Untersuchungen nur in geringerem Grade. Sie fragen, was soll als Ehre gegen Beleidigungen geschützt werden. Das Ergebnis dieser Erörterung benutzen sie dann zur Definition des Begriffs der Beleidigung. Dabei kommt die Frage zu kurz, ob die Handlungen, die sie als strafwürdig erkennen, weil sie das Gut verletzen oder gefährden, das ihnen als schutzwürdig erscheint, wirklich dasselbe sind, was die Sprache des Lebens als Beleidigung bezeichnet und was — mag es strafwürdig sein oder nicht — von den Strafdrohungen umfaßt wird, die die Beleidigung schlechthin unter Strafe stellen.

Kohler und Binding kommen bei ihren Erörterungen der Auffassung sehr nahe, daß die Ehre, deren Verletzung Beleidigung ist, nichts anderes als das Ergebnis des Verhaltens Dritter ist.

Für Kohler ist die Beleidigung Formaldelikt, sie braucht weder wirklich die Ehre zu verletzen, noch sie zu gefährden, die Ehre nämlich, die Kohler vorher definiert. Nun könnte man freilich in demselben Sinne alle Delikte Formaldelikte nennen. Legt einer keinen Wert auf sein Leben oder auf seine Gesundheit, so kann man sagen, die Tötung oder Körperverletzung verletzt und gefährdet ihn nicht. Dennoch wird, wer tötet oder

---

1) Derselbe, Lehrbuch, 133 (§ 31, I).

2) Dochow, Beleidigung, in v. Holzendorff, Handbuch des deutschen Strafrechts (Berlin 1874), 337: da der Schutz der Ehre im öffentlichen Interesse gewährt wird, so reicht er auch nur so weit, als es das öffentliche Interesse fordert. Nur solche Handlungen, wodurch der sittliche Wert der betreffenden Person angegriffen wird, hat der Staat mit Strafe zu bedrohen. — v. Wächter, Deutsches Strafrecht, herausgegeben von O. v. Wächter (Leipzig 1881), 386: strafbar kann nur das sein, wodurch wirklich ein Recht verletzt wird.

3) So z. B. Hälschner, Das gemeine deutsche Strafrecht 1 (Bonn 1881), 234.

einen andern an der Gesundheit verletzt, bestraft, weil der Staat eine so generell mit der Möglichkeit der Schädigung verbundene Handlung wie töten und körperlich verletzten nicht zulassen kann. In dem gleichen Sinne, wie man bei der Tötung von einer Verletzung eines Rechtsgutes des Getöteten, seines Lebens, spricht, kann man auch bei der Beleidigung sagen, das Rechtsgut der Ehre werde verletzt, auch wenn sich im einzelnen Fall niemand geschädigt oder verletzt fühlt. Freilich diese Ehre ist dann weder Kohlers objektive Ehre (wahrer sittlicher Wert des Menschen) noch seine subjektive Ehre (Anerkennung seines Wertes in seiner Umgebung).

Sie ist aber identisch mit dem Anspruch auf Unterlassung einer Mißachtungsäußerung, mit dem im Anschluß an Weber[1]) Binding den Staatsbürger ausstattet. Auch bei Binding kommt es nicht darauf an, ob die Ehre (d. i. der Wert, der einem Menschen als solchem und auf Grund seiner Handlungsweise eignet) verletzt oder gefährdet wird, sondern nur ob dem Achtungsanspruch, dem Willen, der auf Achtung hält, zuwidergehandelt wird. Er nennt also nur das ein Rechtsgut, was Kohler nicht als Rechtsgut ansehen will. Beide gehen davon aus, daß ein wirklicher Schade an der Ehre nicht eingetreten zu sein braucht, damit von Beleidigung gesprochen werden könne. Binding konstruiert einen Anspruch auf Achtung, der auch verletzt wird, ohne daß ein Schade an der Ehre eintritt; Kohler sagt, das achtungswidrige Verhalten sei an sich beleidigend, gleichgültig, ob es die Ehre verletzt oder nicht. Beide verlangen nur, daß der Beleidiger Mißachtung ausdrücke.

Bei Liepmann[2]) ist es geradezu notwendig, seine ganzen Ausführungen über Ehre und Ehrangriff zu beseitigen, will man finden, welche Auffassung diesen Ausführungen zugrunde liegt. Er selbst sagt ausdrücklich, daß er von einem einheitlichen

---

[1]) Über Injurien und Schmähschriften, 3[4] (Leipzig 1820), 16: Eine jede unbefugte Handlung, wodurch jemand die vollkommenen Rechte eines andern in Ansehung des guten Namens, der Ehre oder Achtung vorsätzlich verletzt, ist eine Injurie.

[2]) Liepmann, Die Beleidigung, I. Einfache Beleidigung, in Vergleichende Darstellung des Deutschen und ausländischen Strafrechts, Besonderer Teil 4 (Berlin 1906). Mit ihm stimmt v. Lilienthal, Die Beleidigung, II. Üble Nachrede und Verleumdung, ebenda, 375 Note 1, überein.

Ehrbegriff ausgehe. Ehre ist ihm der Inbegriff derjenigen Eigenschaften des Menschen, die zur Erfüllung seiner spezifischen Aufgaben erforderlich sind[1]). Diese als Ehre zusammengefaßten Eigenschaften des Menschen wirken dann in doppelter Art, sie erzeugen eine Schätzung bei andern und reflektieren zugleich in dem eigenen Bewußtsein, sie haben nicht bloß Wert, sondern sie geben auch Wert in dem fremden Bewußtsein, wie in dem eigenen[2]).

So kommt Liepmann, wenn auch seine Unterscheidungen nicht neue Werte zur Grundlage haben, sondern allein die Wirkung der Ehrenqualitäten auf andere und ihren eigenen Inhaber sein sollen[3]), zu einer Spaltung des Ehr- und des Beleidigungsbegriffs. Seine Untersuchungen sind an dieser Stelle allgemein gehalten und sehen von der Ausgestaltung des Beleidigungsdelikts im deutschen Recht ab. Dennoch mag vielleicht auch bei ihm die Rücksicht auf die Unterscheidung zwischen den Paragraphen 185 und 186 des Strafgesetzbuchs[4]) mitspielen. Die beiden Arten der Wirkungen innerer Ehre, das Ehrgefühl und der gute Ruf, sind aber nicht mehr Arten derselben Gattung Ehre. So wenig wie Rausch und Ärger Dritter über einen berauschten Arten des Trinkens sind. Niemals können die Wirkungen einer Sache Arten der Gattung der Sache sein. Zwei Delikte aber zu unterscheiden, die Beleidigung genannt werden, und zwei Rechtsgüter, die Ehre genannt werden, aber nicht Arten derselben Beleidigung und derselben Ehre sind, wäre höchstens für den Gesetzesausleger zulässig, wenn das Gesetz einen so unglücklichen Sprachgebrauch hätte. Liepmanns Ehrverletzung und Rufgefährdung sind nicht zwei Arten des Angriffs auf seine Ehre, sondern es sind Angriffe auf verschiedene Rechtsgüter, deren jedes eine andere Wirkung, ein anderes Erzeugnis seiner Ehre ist.

---

[1]) a. a. O. 227.

[2]) a. a. O. 228.

[3]) a. a. O. 228.

[4]) § 185: Die Beleidigung...wird bestraft...

§ 186: Wer in Beziehung auf einem anderen eine Tatsache behauptet oder verbreitet, welche denselben verächtlich zu machen oder in der öffentlichen Meinung herabzuwürdigen geeignet ist, wird, wenn nicht diese Tatsache erweislich wahr ist,....bestraft....

Nun ist aber auch das, was er Ehrangriff nennt, nicht eigentlich der Angriff selbst, sondern dessen Wirkung und zwar — hierin zeigt sich die Unnötigkeit des Umwegs, den Liepmann macht — Wirkungen, die nicht wirklich eingetreten zu sein, sondern nur als möglich zu erscheinen brauchen. „Die Ehrenkränkung ist eine Handlung, welche geeignet ist, einen Menschen in seinem Ehrgefühl zu verletzen" [1]), die Rufgefährdung muß „geeignet sein, die Schätzung Dritter von dem spezifischen Wert eines Menschen zu vermindern" [2]), „es kommt nicht darauf an, ob die Behauptung Glauben findet oder machtlos an dem Ansehen des Verleumdeten abprallt" [3]). Sieht man nun davon ab, daß Ehrverletzung und Rufgefährdung die Wirkung auf das Ehrgefühl oder den guten Ruf haben können, durch die sie sich unterscheiden, so bleibt, daß beide ein Verhalten darstellen, das der gehörigen Behandlung des Angegriffenen widerspricht. Dies Verhalten kann bei Anwesenheit Dritter seinen Ruf gefährden und ist dann Liepmanns Rufgefährdung; es kann sein Ehrgefühl verletzen, wenn es ihm selbst zur Kenntnis gebracht wird, und ist dann Liepmanns Ehrenkränkung, es bildet also für beide die gemeinsame Grundlage.

Selbst ein von dem hier gesuchten scheinbar so weit abliegender Ehr- und Beleidigungsbegriff, wie der bei Köstlin, läßt sich auf dieselbe Grundlage zurückführen. Ihm ist Ehre das aus wechselseitiger Anerkennung reflektierte Wertbewußtsein des Menschen von sich als vollberechtigtem Mitgliede der menschlichen und bürgerlichen Gesellschaft [4]). Es ist aber nicht nötig, daß die Person fähig sei die Ehrverletzung zu empfinden, es genügt, daß die Möglichkeit des Ehrbewußtseins vorhanden sei, wenn es auch nicht aktuell entwickelt ist [5]). Faßt man zusammen, daß das Wertbewußtsein aus der Anerkennung der andern re-

---

[1]) a. a. O. 250.

[2]) a. a. O. 232.

[3]) a. a. O. 246.

[4]) Abhandlungen aus dem Strafrecht, nach des Verfassers Tode herausgegeben von Gessler (Tübingen 1885) I. Verbrechen gegen das vermittelte Dasein der Persönlichkeit. 1. Unterabteilung. Verbrechen gegen ihr ideales Medium. Ehrverletzung. S. 1.

[5]) a. a. O. 18.

flektiert sein soll, also auf der Wertung durch die andern beruhen muß, und daß die Beleidigung nur fähig zu sein braucht, dieses Wertbewußtsein anzugreifen, daß sie also nur der Ausdruck einer andern Wertung zu sein braucht, so kommt man auf dieselbe Grundlage, auf der sich der Beleidigungsbegriff dieser Arbeit aufbaut.

Lassen sich so die Grundauffassungen der verschiedenen Schriftsteller einander nahe bringen und zugleich der Auffassung dieser Arbeit, so ergeben doch die Verschiedenheiten in der Formulierung und grundsätzlichen Stellung bedeutsame Verschiedenheiten bei der Anwendung auf einzelne Fragen. Die Abweichung in der grundsätzlichen Auffassung wird durch die Übertragung auf die Einzelheiten vervielfältigt.

Es leuchtet ein und bedarf keiner weiteren Ausführung, von welcher einschneidenden Bedeutung es ist, wenn die Ehre im Zusammenhang gebracht wird mit der Pflicht, die der einzelne hat, und mit der Art, wie er seine Pflicht erfüllt, statt nur mit der Achtung, die ihm tatsächlich gezollt wird.

Finger[1]) faßt zwar die Ehre als Ausdruck der Wertung auf, die der einzelne bei den andern genießt, stellt es aber alsbald auf die Wertung ab, die seinem pflichtmäßigen Verhalten entspricht[2]), und auf die Wertung, die der Staat durch die Rechtsordnung anerkennt. Alle Wertungen, die von dem staatlich anerkannten Wertmaßstab abweichen, bleiben außer Rücksicht[3]).

---

[1]) Das Strafrecht (Compendien des österreichischen Rechts) I[2] (Berlin 1902), 119: Der Mensch unterliegt der Beurteilung; sein Verhalten im einzelnen Fall, sein Wesen wird in Hinsicht auf die andern Menschen, zu denen es in Beziehung tritt, geprüft und bewertet. Die Ehre ist der Ausdruck dieses Wertes.

[2]) a. a. O.: Für das Maß der Ehre ist bestimmend das Maß, in welchem jemand die ihm zukommenden Pflichten erfüllt.

[3]) a. a. O. 120: Das staatliche Strafrecht zum Schutze der Ehre ist naturgemäß geknüpft an den Begriff der Ehre, wie er sich in diesem Staate entwickelt hat ..... vom Standpunkt der Gesetzgebung kann niemals als unehrenhaft erscheinen, was ein Gesetz gebietet, niemals als ehrenhaft, was ein Gesetz verbietet ..... es kann vorkommen, daß eine Handlung, die das Gesetz vorschreibt, den Täter in der Meinung der Rechtsgenossen herabsetzt und umgekehrt; hierin haben wir aber nur ein Symptom zu erblicken, daß die Gesetzgebung den Anschauungen der Zeit nicht mehr entspricht, auf den gesetzlichen Ehrbegriff ist dies ohne Einfluß.

Für B i n d i n g ist die Ehre „der Wert, der einem Menschen als solchem und auf Grund seiner Handlungsweise, also kraft des Maßes der Erfüllung seiner sittlichen und rechtlichen Pflichten, also seiner sittlichen und rechtlichen Unversehrtheit zukommt" [1]. „Das Maß erworbener Ehre wie Unehre wird bedingt durch das in der Tat sehr verschiedene Maß von Heiligkeit und Tragweite erfüllter und verletzter Pflichten. Es gibt keine Pflichtverletzung die Unehre nicht zeugte" [4]. „Wer einen Schurken entlarvt, beleidigt ihn nicht; wer einen Menschen wider Verdienst mißachtet, der vielleicht den schlechtesten Leumund mit oder ohne eigene Schuld genießt, wird der Beleidigung schuldig [3]". „Der Beleidiger muß den Angegriffenen behandeln nach Maß nicht vorhandener Unehre [4]." So kommt Binding dazu, zahlreiche Fälle als Pseudobeleidigungen zu charakterisieren, die, wie schon diese Bezeichnung Bindings sagt, sonst als Beleidigungen aufgefaßt werden [5].

Auch W e b e r , K ö s t l i n , H ä l s c h n e r und K o h l e r sehen in der Beleidigung Angriffe auf die sittliche Integrität des Beleidigten.

Es ist das Verdienst L i e p m a n n s , deutlich gezeigt zu haben, daß eine solche Auffassung Fälle der Mißachtung aus dem Begriff der Beleidigung unzulässigerweise ausschaltet, die ganz

---

[1]) Lehrbuch des gemeinen deutschen Strafrechts, Besonderer Teil, I [2] (Leipzig 1902), 136 (§ 32 I A 1).

[2]) a. a. O. 138 (§ 32 I A 3 d).

[3]) Die Ehre im Rechtssinn und ihre Verletzbarkeit (Rektoratsreden an der Universität Leipzig am 31. Oktober 1890, II. Rede des antretenden Rektors, Leipzig 1890 — Buchausgabe, Leipzig 1892), 20.

[4]) Lehrbuch, a. a. O. 143 (§ 32 I B).

[5]) Er nennt als Pseudobeleidigungen a. a. O. 144: Einem andern körperliche, geistige oder ästhetische Vorzüge absprechen; körperliche, ästhetische oder geistige Mängel eines Menschen benutzen oder gar erdichten, um ihrem Inhaber dem Gelächter, dem Spott, dem öffentlichen Gerede preiszugeben; ein hartes, gerechtes oder ungerechtes Urteil über fremde geistige, künstlerische oder gewerbliche Leistungen oder über fremde Leistungsfähigkeit fällen; einem andern Eitelkeit, Selbstbespiegelung oder Überhebung vorwerfen; einem andern ein großes Verdienst absprechen; einem andern tadeln, weil er ein Verbrechen nicht verübt hat; einem andern Mangel an Neigung und insofern Geringschätzung bekunden — alles dies kann, je nach den Umständen, Beleidigung sein im Sinne dieser Arbeit und des gemeinen Sprachgebrauchs, dem diese Arbeit sich anzuschließen glaubt.

sicher als Beleidigung empfunden und in der Sprache als Beleidigung bezeichnet werden. Liepmann kommt der Auffassung nahe, daß Beleidigung eine Behandlung ist, welche von der abweicht, die der Beleidigte unter den Umständen genießt, unter denen die Beleidigung sich abspielt. Dennoch scheint es, daß auch seine Untersuchungen über Ehre und Ehrangriff ihn zu einer Abweichung von dem Ergebnis führen, das diese Arbeit gefunden hat, und seine Abweichung erscheint nicht als begründet. Den Ruf eines Menschen, sagt er [1]), bestimmt der Kreis, in dem er lebt, für den zu wirken er berufen ist, nicht die Anschauungsweise des über ihn Urteilenden, nicht irgendein seinem Kreise Fernstehender, nicht der Beurteilende allein. Vielleicht will er damit wenigstens für die Rufgefährdung dasselbe Kennzeichen verlangen, wie diese Arbeit. Dafür spricht, daß er von dem engeren Kreise, in dem der Beurteilte wirkt, auch noch die Öffentlichkeit unterscheidet, als die soziale Gemeinschaft überhaupt, der der Beurteilte angehört. Man kann dann sagen, er gehöre so zahlreichen Kreisen an, deren jeder anderes von ihm erwarte, daß in jedem Kreise, der über ihn urteile, auch ein besonderes Urteil über ihn bestehe, und daß in jedem das Urteil über ihn, sein Ruf durch andere Behauptungen gefährdet werde. Mit voller Deutlichkeit freilich bringt Liepmann diese Ansicht nicht vor, es ist nicht ersichtlich, ob er außer dem Kreise, in dem sich die Wirksamkeit eines Menschen abspielt, „in dem er lebt, für den zu wirken er berufen ist", und der Öffentlichkeit auch noch jeder denkbare andere Kreis, in dem er beurteilt wird, gemeint sein soll. Eine entsprechende Feststellung fehlt jedenfalls bei L i e p m a n n für die andere Art seines Ehrangriffs, seine Ehrenkränkung, die er ohne Not von der Rufgefährdung trennt, und zum Angriff auf das Gefühl, das Ehrgefühl macht. Und doch kommt es auch hier auf das Verhältnis zwischen dem Handelnden und dem Behandelten an und auf die zwischen ihnen obwaltenden Umstände, auch hier kann die gleiche Handlung, von einem ausgeübt, Beleidigung sein, von einem andern nicht, an einem Ort ausgeübt, Beleidigung, am andern Ort nicht, unter diesen Umständen Beleidigung, unter jenen nicht.

---

[1]) a. a. O. 231.

Seine Beschränkung auf Ehrgefühlsverletzungen und Rufgefährdungen schließt außerdem einen großen Teil der Beleidigungen aus, die gegen Kinder und Geisteskranke begangen werden. Denn obgleich Liepmann nur die Möglichkeit einer Gefühlsverletzung fordert, um das Vorliegen einer Ehrverletzung anzunehmen [1]), obgleich er davon absehen will, ob der Beleidigte sich im Einzelfall in seinem Ehrgefühl verletzt fühlt oder nicht, nimmt er doch bei vollkommen verblödeten oder bei desorientierten Geisteskranken [2]) eine Unmöglichkeit an, in ihrem Ehrgefühl getroffen zu werden, bei Kindern und Geisteskranken allgemein gibt er nur die Möglichkeit zu, Ehrenkränkungen soweit zu erleiden, als sie die zur Erkenntnis des Sinnes der gegen sie gerichteten Handlung erforderliche Einsicht besitzen [3]). Das erscheint nicht folgerichtig. Auch bei Erwachsenen und im gewöhnlichen Sinne Geistesgesunden kommt es nicht darauf an, auf Grund welcher Stimmung sie eine sonst als ehrverletzend empfundene Handlung nicht als Ehrenkränkung empfinden. Nicht der Grad der persönlichen Empfindlichkeit soll, wie Liepmann selbst ausführt, den Maßstab für das Urteil bilden, ob eine Beleidigung vorliegt oder nicht, sondern es kommt nur darauf an, ob auch andere Menschen der gleichen Kulturschicht auf eine gleichartige Situation mit dem Gefühl verletzter Ehre reagieren könnten. Denselben Maßstab müßte er, selbst nach seiner Lehre, bei Kindern und Geisteskranken anwenden, und damit würde er soweit mit dem Ergebnis der Erörterungen dieser Arbeit übereinstimmen. Sein Gedanke an das Gefühl verleitet ihn zu der Inkonsequenz, bei Kindern und Geisteskranken für die Ehrenkränkung die Fähigkeit zu fordern, bei der Kränkung Unlust zu fühlen, während er bei normalen Menschen diese Fähigkeit nicht verlangt (denn, wenn sie nicht mit dem Unlustgefühl auf die Kränkung antworteten, so waren sie in concreto unfähig, die Unlust zu fühlen).

Die Verschiedenheiten der Auffassungen der Beleidigung im allgemeinen bewirken die gleichen Verschiedenheiten bei der Auffassung der Majestätsbeleidigung im besonderen.

---

[1]) Die Beleidigung, I. Einfache Beleidigung, in vergleichender Darstellung des deutschen und ausländischen Strafrechts, Besonderer Teil 4 (Berlin 1906), 241.

[2]) Außerdem bei Kollektivpersonen und Toten.

[3]) a. a. O. 240, 335.

Wird nur die unverdiente Herabsetzung als Beleidigung betrachtet, so können wahre Tatsachenbehauptungen nicht Beleidigung, also auch nicht Majestätsbeleidigung sein [1]). Dann auf die staatsrechtliche Unverletzlichkeit des Monarchen zu verweisen, und deshalb den Wahrheitsbeweis abzulehnen, ist verfehlt, wie Binding [2]) mit Recht dargelegt hat. Will man dennoch die Majestätsbeleidigung durch wahre Tatsachenbehauptung strafen, so bedarf es der Annahme eines besonderen Grundes für ihre Strafbarkeit [3]).

Wird für die Strafbarkeit der Beleidigung ihre Rechtswidrigkeit gefordert, so ist der Paragraph 193, soweit er nur eine Aufzählung allgemein rechtmäßiger Handlungen enthält, auch auf die Majestätsbeleidigungen anzuwenden. So wendet von Liszt [4]) den Grundsatz des Paragraphen 193, da dieser nur eine allgemeine Regel über die Straflosigkeit rechtmäßiger Handlungen für die Beleidigung besonders wiederhole, auch auf die Majestätsbeleidigung an. Binding sieht die Bestimmung des Paragraphen 193 zwar als keineswegs selbstverständlich an [5]), erstreckt sie aber als eine die Rechtswidrigkeit von Beleidigungen gesetzlich allgemeine ausschließende auch auf die Majestätsbeleidigung [6]).

4. Die durch die Majestätsbeleidigung getroffenen Personen.

An welchen Personen Majestätsbeleidigungen begangen werden können, sagt das Gesetz deutlich und bestimmt. In den

[1]) So Frank, Das Strafgesetzbuch für das Deutsche Reich 5-7 (Berlin 1908), § 95 III (S. 188) und die von ihm bezeichneten.

[2]) Lehrbuch des gemeinen deutschen Strafrechts, Besonderer Teil, I [2] (Leipzig 1902), 171 — § 39, III, 1 —, gegen das Reichsgericht — Entscheidungen des Reichsgerichts, herausgegeben von den Mitgliedern des Gerichtshofs. Entscheidungen des Reichsgerichts in Strafsachen, 2 (Leipzig 1881), 213 und öfters —.

[3]) So Doehn, Der Begriff der Majestätsbeleidigung und ihr Verhältnis zur gemeinen Beleidigung, in Zeitschrift für die gesamte Strafrechtswissenschaft, 21 (Berlin 1901), 516.

[4]) Lehrbuch des deutschen Strafrechts [16], [17] (Berlin 1908), 338 (§ 95 IV), 546 (§ 168 I).

[5]) Lehrbuch des gemeinen deutschen Strafrechts, Besonderer Teil, I [2] (Leipzig 1902), 152 (§ 32 III D) Note 5.

[6]) a. a. O. 170.

Paragraphen 95 und 97 werden die Beleidigungen gegen den Landesherrn, die Mitglieder seines Hauses und den Regenten eines Landes, wenn sie von Personen begangen werden, die in „ihrem" Lande staatsuntertänig sind oder sich dort aufhalten und die Beleidigungen gegen den deutschen Kaiser — nicht die gegen Mitglieder seines Hauses — unter Strafe gestellt, in den Paragraphen 99 und 101 die Beleidigungen gegen andere Bundesfürsten und die Regenten der andern Bundesstaaten — nicht aber die gegen die Mitglieder der Häuser der andern Fürsten. Auf die Vertreter der Staatsgewalt in den deutschen Republiken beziehen sich diese Bestimmungen nicht. Die Beleidigungen gegen sie sind nur als gemeine Beleidigungen nach dem vierzehnten Abschnitt des Strafgesetzbuches zu bestrafen [1]).

Die Strafdrohungen des zweiten und dritten Abschnittes des Strafgesetzbuchs sind, soweit die Bundesfürsten beleidigt werden, nach dem Paragraphen 4 Abs. 1 Ziffer 2 des Strafgesetzbuchs auch anzuwenden, wenn die Beleidigungen von einem Deutschen im Auslande begangen sind. Im Paragraphen 4 ist zwar nur von der Beleidigung eines Bundesfürsten die Rede, was nur der Überschrift des dritten Abschnitts entsprechen würde, da aber die Landesherren und der Kaiser auch Bundesfürsten sind, so umfaßt die Bezeichnung Beleidigung eines Bundesfürsten auch die Beleidigung des Kaisers oder Landesherren (nicht die Beleidigung der Regenten oder Mitglieder der landesherrlichen und bundesfürstlichen Häuser) und die Vorschriften des zweiten Abschnitts, die sich mit den Beleidigungen gegen den Kaiser oder Landesherrn beschäftigen, müßen angewendet werden.

Bei der Freizügigkeit, die heute herrscht, und ihrer vielfachen Ausnutzung wird es in vielen Fällen mit recht erheblichen Schwierigkeiten verknüpft sein, festzustellen, ob der Beleidigte der Landesherr des Täters ist. Ein sehr großer Teil der Einwohner des Deutschen Reichs weiß ganz sicher nichts über seine ererbte und nicht verloren gegangene Staatsangehörigkeit in einem Bundesstaate, in dem er schon längst nicht mehr wohnt. Wer die Eigenschaft des von ihm beleidigten als seines Landes-

---

[1]) Während die Beleidigungen der bei diesen Staaten beglaubigten Diplomaten nach Teil II, Abschnitt 4 besonders bestraft werden.

herrn oder überhaupt als einer der im zweiten und dritten Abschnitt des Strafgesetzbuchs genannten Personen nicht kennt, ist nicht nach den Bestimmungen des zweiten Abschnitts, nicht wegen Majestätsbeleidigung, oder überhaupt nicht strafbar. Er kann strafbar sein, falls seine Handlung nach Abschnitt 14 strafbar ist. Wann eine Strafbarkeit nach dem vierzehnten Abschnitt vorliegt, ist an dieser Stelle nicht zu untersuchen.

---

5. Die Strafbarkeit der Majestätsbeleidigung nach den Paragraphen 95, 97, 99 und 101.

Eingeschränkt wird die Bestrafung von Majestätsbeleidigungen nach den Paragraphen 95, 97, 99 und 101 nur durch die besonderen Erfordernisse, deren Vorliegen in der Person des Täters das Gesetz vom 17. Februar 1908 erfordert.

Die Majestätsbeleidigung muß, um nach diesen Bestimmungen bestraft zu werden, in der Absicht der Ehrverletzung, böswillig und mit Überlegung begangen sein.

I. Absicht der Ehrverletzung.

Was beabsichtigt sein muß, damit von einer Absicht der Ehrverletzung gesprochen werden könne, ist dasselbe wie das, was überhaupt vorliegen muß, damit von Beleidigung die Rede sein könne. Faßt man die Ehre, die Gegenstand rechtlichen Schutzes ist, in dem Sinne auf, der in dieser Arbeit angenommen worden ist, so ist damit ohne weiteres gesagt, daß Ehrverletzung nichts anderes sein kann als Beleidigung.

Ehrverletzung hier als eine Unterart der Beleidigung aufzufassen, in dem Sinne, wie von Liszt und Liepmann sie der Ehrgefährdung, Rufgefährdung gegenüberstellen wollen, wäre nicht zulässig. Nimmt man einen solchen Unterschied an, so ist es freilich schwer, die Unterscheidung hier fortzulassen. Wollte man sie aber auch hier gelten lassen, so würde sich daraus ein merkwürdiges Auseinanderfallen des subjektiven und objektiven Tatbestandes ergeben.

Für von Liszts Formulierung des Begriffs der Ehrverletzung wäre das Ergebnis immerhin noch erträglich: die Strafbarkeit einer Ehrgefährdung würde davon abhängen, daß der

Täter die Absicht hatte, zugleich ein beleidigendes Urteil über den Beleidigten abzugeben. Er müßte zugleich eine unwahre Tatsache behaupten und sein eigenes Urteil darüber abgeben wollen; das Urteil abzugeben müßte der Beweggrund seines Handelns gewesen sein, vollendet brauchte er nur die Tatsachenbehauptung zu haben.

Für die bei Liepmann gegebene Unterscheidung müßte der Täter die Absicht gehabt haben, seine Mißachtensäußerung solle dem Mißachteten selbst zur Kenntnis kommen. Ob das letztere geschehen ist, wäre gleichgültig; es würde genügen, wenn er sie tatsächlich nur (vorsätzlich) Dritten gegenüber zum Ausdruck gebracht hätte. Straffrei würde er bleiben, sobald er nicht die Absicht hatte, daß seine Mißachtensäußerung dem Beleidigten bekannt werden solle.

Daß beide Ergebnisse erstaunlich wären, braucht nicht näher ausgeführt zu werden. Nichts zwingt zu der Annahme, daß das Gesetz eine so wunderbare Anordnung treffe.

Freilich erstaunlich und sicher kein Vorzug ist es auch, daß das Gesetz die Handlung als Beleidigung, den Gegenstand der Absicht als Ehrverletzung bezeichnet, wenn mit diesen beiden verschiedenen Ausdrücken dasselbe gesagt ist. Doch scheint es nicht möglich, einen Unterschied in der Bedeutung beider Worte zu finden. Die Reichstagskommission, aus deren Beratung diese Fassung des Gesetzes hervorging, glaubte, der Ausdruck Absicht der Ehrverletzung schließe es aus, daß bloße Ehrfurchtsverletzungen, die nicht Ehrverletzungen seien, bestraft würden [1]. Dieser Gedanke enthält unklar die Erinnerung an die alte, überwundene Lehre von der Unterscheidung zwischen Handlungen, die an sich Beleidigungen sind, und solchen, die es erst durch den animus injurandi werden. Diese würden, wie es einst Meves lehrte, ohne den animus injuriandi nur Ehrfurchtsverletzungen sein. Der Gedanke, den Meves [2]) in das geltende Recht vor

---

[1]) Bericht der XI. Kommission über den Entwurf eines Gesetzes betreffend die Bestrafung der Majestätsbeleidigung. (Anlagen zum stenographischen Bericht über die Verhandlungen des Reichstags, 12. Legislaturperiode, I. Session, 1907/1908, Nr. 564). Berichterstatter Dr. Osann) 21.

[2]) Die Verbrechen gegen den Staat, in Handbuch des deutschen Strafrechts, herausgegeben von v. Holtzendorff, 4, (Berlin 1878) 299.

dem Gesetz vom 17. Februar 1908 hineintrug, würde durch dieses Gesetz verwirklicht sein. Aber was nicht beleidigend ist, kann durch die Absicht des Täters nicht beleidigend werden. Nicht die Absicht des Täters, sondern die besonderen Umstände des Falles machen eine Handlung zur Beleidigung, die unter anderen Umständen nicht beleidigend wäre. Was nicht Beleidigung ist, wird durch die Absicht des Täters in seinem Charakter nicht verändert. Soll ein Gesetz die Beleidigungen straflos lassen, die ohne die Absicht zu beleidigen begangen werden, so bleiben sie doch Beleidigungen. Es ist unmöglich, aus dem Erfordernis der Absicht der Ehrverletzung zu entnehmen, daß im Tatbestand etwas geändert wäre.

Ist aber der Gegenstand der Absicht, die zur Strafbarkeit der Majestätsbeleidigungen nach dem zweiten und dritten Abschnitt erforderlich ist, nichts anderes als die Beleidigung selbst, so ist doch die Absicht der Beleidigung ein Erfordernis, das dem Recht bisher nicht bekannt war. Das Strafgesetzbuch selbst fordert in den Paragraphen 95, 97, 99, 101 nur, daß der Beleidiger die beleidigende Bedeutung seines Tuns gekannt hat; weiß er nicht, daß er beleidigt, so ist seine Handlung nicht strafbar (§ 59). Er muß, im Sinne der Vorstellungstheorie, vorsätzlich gehandelt haben. Er muß aber, wegen des Gesetzes vom 17. Februar 1908, auch gerade die Absicht gehabt haben, zu beleidigen. Das Beleidigen muß der Zweck gewesen sein, den er mit seinem beleidigenden Verhalten verfolgte. Hat er bei der Beleidigung nur den Zweck gehabt, bei denen, die sein Verhalten wahrnehmen, Beifall zu erregen oder sie zu ärgern, sie an der empfindlichen Stelle ihrer Verehrung für den Monarchen zu treffen, so liegt die Absicht der Beleidigung nicht vor. Nicht die Erzielung einer Wirkung bei denen, die das Verhalten wahrnehmen, sondern nur der Wunsch selbst, sich mißachtend zu verhalten, muß die Triebfeder des Tuns gewesen sein. Es ist aber genügend, wenn der Täter die Absicht, zu beleidigen, und zugleich andere Absichten verfolgte [1]). Es ist weder gegen den Sprachgebrauch noch gegen die Erfahrung des täglichen Lebens, daß man mit einer Handlung

---

[1]) Vgl. v. Liszt, Lehrbuch des deutschen Strafrechts, [16, 17] (Berlin 1908), 171, § 39.

mehrere Zwecke zugleich verfolgen, bei einer Handlung mehr als eine Absicht haben kann. Genügt aber, daß die Ehrverletzung einer von mehreren Zwecken des Beleidigers war, so ist damit die Einschränkung, die mit diesem Ausdruck von der Reichsregierung sowohl wie von dem Reichstag unzweifelhaft beabsichtigt wurde, nicht erreicht; freilich die Feststellung, was der Täter beabsichtigt habe, wird immer noch recht schwierig sein. An der Schwierigkeit des Nachweises seiner Absicht wird in vielen Fällen die Verurteilung scheitern müssen, obgleich tatsächlich, wenn die Absicht des Täters stets klar erkennbar wäre, wie gesagt, die Einschränkung der Fälle der Strafbarkeit recht gering sein dürfte.

Die Eigentümlichkeit der Bestimmung des Gesetzes vom 17. Februar 1908 liegt darin, daß sie als Gegenstand der Absicht eben das verlangt, was auch der Gegenstand der Tat ist. Wenn sonst das Strafgesetzbuch eine besondere Absicht verlangt, fordert es als Absicht etwas der Handlung fremdes (§§ 242, 249: Wegnahme in der Zueignungsabsicht, §§ 267, 268, 272, 274, 349: Verfälschung einer Urkunde in rechtswidriger Absicht, Falschbeurkundung, Urkundenunterdrückung, Grenzsteinversetzung in Schädigungs- oder Bereicherungsabsicht, § 146: Geld nachmachen, um es in den Verkehr zu bringen, oder echtem Gelde den Schein eines höheren Wertes oder verrufenem das Ansehen von geltendem geben, in der gleichen Absicht, § 288: Vermögensteile veräußern oder beiseite schaffen in der Absicht, die Gläubiger zu benachteiligen, § 124: Zusammenrottung in der Absicht, Gewalttätigkeiten zu begehen, § 143: auf Täuschung berechnete Mittel anwenden, in der Absicht, sich der Erfüllung der Wehrpflicht zu entziehen, § 346: die Verfolgung einer strafbaren Handlung unterlassen, in der Absicht, jemanden der Verfolgung zu entziehen [1]). Das Gleiche ist oft der Fall, wenn das StGB. sinnverwandte Ausdrücke gebraucht [2]).

---

[1]) Die Verfolgung einer strafbaren Handlung unterlassen und jemand der Verfolgung entziehen sind freilich auch schon sehr nahe verwandte Begriffe. v. Liszt will deshalb hier keine besondere Absicht verlangen, sondern begnügt sich mit dem Vorsatz im Sinne der Voraussicht des Erfolges (Lehrbuch des deutschen Strafrechts [16], [17] — Berlin 1908 — 172 — § 39 II 2 a.

[2]) v. Liszt a. a. O.

Ähnlich wie bei der Majestätsbeleidigung liegt der Fall da, wo das Strafgesetzbuch sagt, eine Handlung müsse absichtlich begangen werden (§ 266: absichtlich zum Nachteil eines andern handeln, verfügen, ihn benachteiligen) [1]; auch hier muß jedenfalls, wenn auch vielleicht der Ausdruck absichtlich schwächer ist als der Ausdruck in der Absicht, mehr gefordert werden als der Vorsatz der Vorstellungstheorie, die Absicht muß gerade darauf gerichtet sein, die Handlung zu begehen, die mit dem Verhalten erzielte Wirkung selbst muß der Beweggrund des Verhaltens sein [2]. Wo nun die Absicht etwas der im Tatbestand bezeichneten Handlung Fremdes ist, das dieser erst ihre Bedeutung gibt, da läßt sich die Absicht schließen aus dem Vorliegen des Verbrechens. Das Stehlen (den Ausdruck nicht als technische Bezeichnung der strafbaren Handlung genommen) ist das Für-sich-fortnehmen einer fremden Sache, das Enteignen und Aneignen fremden Gutes [3]. Wer sich fremdes Gut angeeignet hat, bei dem kann hinterher angenommen werden, daß er vorher, bei der Fortnahme, die Absicht hatte, es sich zuzueignen; die Absicht wird erschlossen aus der Tat. Bei der in der Absicht der Beleidigung (Ehrverletzung) vorgenommenen Beleidigung kann aus dem Vorliegen der Tat nicht das Vorhandensein der Absicht geschlossen werden, eben weil das Beleidigen selbst die Tat objektiv schon voll bezeichnet.

II. Böswilligkeit.

Bei der Feststellung des Begriffs Böswilligkeit liegen die Schwierigkeiten ähnlich wie bei der des Begriffs Absicht der Ehrverletzung.

Auch ihn gebraucht das Gesetz an andern Stellen, um den Charakter eines sonst farblosen Tuns zu bezeichnen (§§ 103 a, 134, 135: böswilliges Abreißen, Beschädigen oder Verunstalten von Bekanntmachungen, Verordnungen, Befehlen oder Anzeigen von Behörden, Wegnehmen, Zerstören eines öffentlichen Zeichens der

---

[1]) v. Liszt a. a. O. will hier nur Voraussicht verlangen.

[2]) v. Liszt a. a. O. 171: Der Erfolg ist beabsichtigt, wenn die Voraussicht des Erfolges Beweggrund des Verhaltens war.

[3]) Binding, Lehrbuch des gemeinen deutschen Strafrechts, Besonderer Teil, I² (Leipzig 1902), 264 ff. (§ 70), 285 ff. (§ 74).

Autorität des Reichs, eines Bundesfürsten, eines nicht zum Deutschen Reich gehörenden Staates oder eines Hoheitszeichens eines Bundesstaates oder eines andern Staates[1]), — das Boshaft im § 360 Ziffer 13, wer Tiere boshaft quält, dürfte nicht viel mehr sein als ein steigernder Zusatz zu dem Tätigkeitswort[2]) ebenso wie das „roh" mißhandeln an derselben Stelle). Bei den Vergehen der Paragrapen 95, 97, 99, 101 muß die Böswilligkeit zu einer Handlung hinzutreten, die schon an sich mit einem mißbilligenden Ausdruck bezeichnet ist. Die Gesetzesredaktoren äußerten wiederholt die Ansicht, mit Böswilligkeit sei die „Freude am Bösen" bezeichnet, sie umfasse schon die Absicht der Ehrverletzung, so daß es eigentlich überflüssig sei, diese auch noch zu nennen[3]). Frank[4]) will darin mit Binding[5]) eine solche Geistesrichtung bezeichnet sehen, bei welcher der Täter sich der Rechtswidrigkeit seiner Tat freut[6]), darin seine Befriedigung findet.

[1]) Das Verüben beschimpfenden Unfugs, das an diesen Stellen des Gesetzes noch genannt ist, hat allerdings die Färbung der mißbilligten Handlung auch schon ohne das Wort böswillig. Doch dürfte es richtig sein, böswillig nur auf das Wegnehmen und das Zerstören zu beziehen. So auch Olshausen, Kommentar zum Strafgesetzbuch für das Deutsche Reich I[8] (Berlin 1909) § 135, 2 (S. 541). Anders Kleinfeller, Verbrechen und Vergehen gegen die öffentliche Ordnung, 6. Die Verletzung von Hoheitszeichen, in Vergleichende Darstellung des deutschen und ausländischen Strafrechts, Besonderer Teil, 2 (Berlin 1906) 307.

[2]) Die meisten sehen freilich in der Boshaftigkeit die Absicht, das Quälen um des Quälens willen, ein Quälen verbunden mit der Lust an der Qual des gequälten Opfers, ein Handeln aus Lust an der Qual, wenn ein vernünftiger Zweck fehlt (v. Hippel, Die Tierquälerei in der Strafgesetzgebung des In- und Auslandes — Berlin 1891 — 39; derselbe, Verbrechen und Vergehen gegen die öffentliche Ordnung, 3. Die Tierquälerei, in Vergleichende Darstellung des deutschen und ausländischen Strafrechts, Besonderer Teil 2 — Berlin 1906 —, 245; Binding, Lehrbuch des gemeinen deutschen Strafrechts, Besonderer Teil, I[2] — Leipzig 1902 — 193 — § 48; Frank, Das Strafgesetzbuch für das Deutsche Reich[5-7] — Berlin 1908 — § 360 XIII — S. 583). Dann ist das Boshaft bei Quälen ungefähr dasselbe wie das Böswillig bei der Beleidigung der fürstlichen Personen.

[3]) Anlagen zum stenographischen Bericht über die Verhandlungen des deutschen Reichstags, 12. Legislaturperiode, I. Session, 1907/1908, Nr. 564, 19; Stenographischer Bericht, 85. Sitzung (21. I. 08) 2595 A (Roeren) u. a.

[4]) a. a. O. Anhang B, I, 2. (S. 647.)

[5]) Binding a. a. O., II[2] (Leipzig 1905), 504: Freude an der Rechtswidrigkeit der Tat oder an ihrer verderblichen Wirkung als solcher.

[6]) Ebenso Romen, Das neue Gesetz betreffend die Bestrafung der Majestätsbeleidigung, in Der Tag 1908 (Berlin 1908) Nr. 49 (28. Januar).

Der Kommentar zum Strafgesetzbuch von Olshausen[1]) sieht in dem Merkmal der Böswilligkeit wohl, mit der Begründung zum Gesetzentwurf[2]), daß als strafbare Handlungen nur solche Äußerungen angesehen werden können, bei denen die Absicht des Täters gerade auf die Herabsetzung der fürstlichen Person gerichtet sei, während er zum Paragraphen 134[3]) im Anschluß an von Liszt[4]) ausführt, Böswilligkeit bezeichne die auf Herbeiführung des verbotenen Erfolges gerichtete Absicht.

Bei der Erörterung des Entwurfs zum Gesetz vom 17. Februar 1909 wurde sehr vielfach das Bedenken geäußert, daß Böswilligkeit als Bezeichnung der regierungsfeindlichen oder monarchenfeindlichen politischen Gesinnung aufgefaßt werden könne[5]). In der Tat scheint es, daß eine solche Auslegung, verwandt mit der Franks, Lust am Bösen, eher richtig ist, als die, nach der Böswilligkeit nur die Absicht, zu beleidigen, bedeutet. Diese Auffassung dürfte dem Sprachgebrauch nicht entsprechen. Böswilligkeit bedeutet wohl nicht nur den im Einzelfall auf etwas Böses gerichteten Willen — da die Beleidigung strafbar ist, könnte sie vom Gesetz als etwas Böses bezeichnet sein — sondern eine auf das Böse gerichtete Willensdisposition, das Hervortreten eines bösen Charakters, ähnlich der Bosheit. Nicht mutwillig dürfte der Gegensatz zu böswillig sein, sondern gutwillig, böswillig nicht weit von böse entfernt. Ist aber eine Majestätsbeleidigung aus einem bösen Charakter heraus begangen, so wird böser Charakter in diesem Zusammenhang in der Tat die Sinnesrichtuug bedeuten, die an der Beleidigung der fürstlichen Personen, an diesem Bösen,

---

[1]) 8. Aufl. (Berlin 1909), § 95 Vorbemerkungen c (S. 403).

[2]) Anlagen zum stenographischen Bericht, Nr. 348 — Zeitschrift für die gesamte Strafrechtswissenschaft 27 (Berlin 1907), 735.

[3]) a. a. O. § 134, 3 (S. 593).

[4]) Lehrbuch des deutschen Strafrechts [16, 17] (Berlin 1908), 570 (§ 176, IV).

[5]) So Heine, Majestätsprozesse, in Die neue Gesellschaft, III. Jahrgang Bd. IV (Berlin 1907), Nr. 6, 8. Mai 1907; derselbe im Reichstag, Stenographischer Bericht, 12. Legislaturperiode, I. Session 1907/8, 56. Sitzung (23. XI. 07), 1738; 85. Sitzung (21. 1. 08), 2598 C. Traeger im Reichstag, a. a. O. 1732 C D; v. Lilienthal, Über den Entwurf eines Gesetzes betreffend die Bestrafung der Majestätsbeleidigung, in Zeitschrift für die gesamte Strafrechtswissenschaft 27 (Berlin 1907) 919, 920; u. a.

Freude empfindet. Die Böswilligkeit erfordert nicht, daß im einzelnen Falle der Zweck des Beleidigers bei seinem Verhalten die Beleidigung ist, sondern daß er seinem Wesen, seinem dauernden Charakter nach ein Mensch ist, den die Majestätsbeleidigung erfreut. Eine Feststellung dieses Moments wird allerdings sich von der Feststellung der politischen Gesinnung nicht allzu weit entfernen [1]).

Faßt man die Böswilligkeit in dem Sinne auf, der hier als richtig betrachtet wird, so ergibt sich eine Unterscheidung zwischen der Absicht der Ehrverletzung und der Böswilligkeit. Jene bezeichnet den Zweck, den der Handelnde mit dem Beleidigen im Einzelfalle verfolgt, diese den Charakter, die Willensdisposition, aus der heraus er handelt.

III. Überlegung.

Neben der Absicht der Ehrverletzung und der Böswilligkeit fordert das Gesetz, daß der Täter mit Überlegung gehandelt habe. Das Erfordernis der Überlegung findet sich sonst noch beim Mord (StGB. § 211). Seine Bedeutung ist hier

---

[1]) Übrigens ergibt die Begründung zum Gesetzentwurf, daß ihr Verfasser eine gegen die monarchischen Einrichtungen gerichtete politische Ansicht, mindestens wenn sie öffentlich kundgegeben wird, als staatsgefährlich ansieht. In seiner Sprache heißt es zur Begründung des Vorschlags, daß nur, sofern die Beleidigung nicht öffentlich begangen ist, die Verfolgung von einer Ermächtigung der Landesjustizverwaltung abhängen solle (Entwurf eines Gesetzes betreffend die Bestrafung der Majestätsbeleidigung, Abs. 3 — Stenographischer Bericht, 12. Legislaturperiode, I. Session 1907/08, Anlagen Nr. 348; Zeitschrift für die gesamte Strafrechtswissenschaft 27 — Berlin 1907 —, 735): Die Fälle von Beleidigungen, die in der Öffentlichkeit vor sich gehen, werden in ihrer überwiegenden Mehrzahl vermöge der dabei obwaltenden, gegen die monarchischen Einrichtungen sich richtenden und öffentlich kundgegebenen Intentionen das Staatsinteresse so sehr berühren, daß eine Versagung der Genehmigung zur Strafverfolgung nicht in Frage kommen kann (Stenographischer Bericht, Anlagen a. a. O.; Zeitschrift für die gesamte Strafrechtswissenschaft a. a. O. 737). Die vom Bundesratsbevollmächtigten und mehreren Abgeordneten wiederholt geäußerte Ansicht, durch die Erörterungen über den Begriff böswillig in der Kommission und im Reichstag sei festgestellt, was Reichstag und Reichsregierung mit dem Ausdruck Böswilligkeit meinten, die Gesetzesauslegung sei an diese Feststellung gebunden, ist unhaltbar, was in einer juristischen Abhandlung nicht erst näher dargelegt zu werden braucht (s. Stenographischer Bericht a. a. O. 2599 B, Nieberding; 2600 A, Osann; 2603 B, Müller-Meiningen usw.).

sehr streitig, sie wird sich bei der Majestätsbeleidigung schwerlich sicherer feststellen lassen. von Liszt hat in Vergleichende Darstellung des deutschen und ausländischen Strafrechts bei der Erörterung der Tötung und Lebensgefährdung [1]) im Anschluß an Katzenstein [2]) gezeigt, wie verschieden die Ansichten über die Bedeutung des Wortes Überlegung sind. Diese Arbeit kann den Begriff der Überlegung nicht besser definieren als von Liszt in seinem Lehrbuch [3]). Überlegung liegt vor, wenn die Vorstellung der Majestätsbeleidigung nicht sofort den Entschluß bestimmte, sie auszuführen, sondern den übrigen Vorstellungen, insbesondere den allgemeinen, unser gesamtes Verhalten beherrschenden Vorstellungen der Religion, der Sittlichkeit, des Rechts, der Klugheit Zeit blieb, sich bei der Fassung des Entschlusses zur Geltung zu bringen. Sie bezieht sich daher auf die Entscheidung der Doppelfrage, ob und wie eine der in den Paragraphen 95, 97, 99, 101 genannten Personen beleidigt werden soll. Daß die Überlegung eine gewisse Zeit des Erwägens fordert, ist sicher. Eine feste Grenze für diese Zeit läßt sich nicht bestimmen[4]). Es bleibt nur die Verweisung auf ein Ermessen von Fall zu Fall. Wer erst überlegt, ob er eine bestimmte Majestätsbeleidigung begehen soll und dabei zu dem Entschluß kommt, sie nicht zu begehen, handelt ohne Überlegung, wenn er später, etwa in der Hitze einer Volksversammlung, sich hinreißen läßt, das vorher überlegte Wort, das eben wegen jener Überlegung der Zunge näher ist als etwa ein anderes, doch zu gebrauchen. Denn bei der Handlung überlegt er nicht. Beim Sprechen in freier Rede wird es darauf ankommen, ob der Redner sich vorher die Worte, die er spricht, oder wenigstens den Sinn dieser Worte überlegt hat und auf Grund solcher Vorarbeit redet, oder ob er unvorbereitet das heraussagt, was ihm so zu sagen auf die Zunge kommt. In diesem Fall wird man von einer Überlegung nicht sprechen können. Bei einer Rede, die auswendig gelernt war, tauchen Zweifel auf, ob ein Handeln mit Überlegung vorliegt, wenn die Worte nur mechanisch, ohne neue Überlegung ausgesprochen werden. Man

---

[1]) Besonderer Teil 5 (Berlin 1905), 42, 43.

[2]) Zeitschrift für die gesamte Strafrechtswissenschaft, 24 (Berlin 1904), 516.

[3]) Lehrbuch des deutschen Strafrechts [16, 17] (Berlin 1908), 304 (§ 83, I.).

[4]) v. Liszt, Vergleichende Darstellung, a. a. O. 40.

könnte dann sagen, das Auswendiglernen sei noch eine straflose Vorbereitung, das Reden selbst, die beleidigende Handlung werde ohne Überlegung ausgeführt. Freilich dürfte es in diesem Falle doch zutreffen, zu sagen, daß ein Handeln mit Überlegung nichts anderes ist als ein überlegtes Handeln, ein Handeln gemäß der Überlegung, aufgrund der Überlegung. Auch beim Mord verlangt man nicht, daß er bis zum Ende in kaltblütiger Überlegung vollendet werde, wenn er nur der Überlegung gemäß ausgeführt wird. Es handelt sich um ein Problem, das der Frage nach der Strafbarkeit der actio libera in causa verwandt ist. Es ist begreiflich, daß Katzenstein, der die Straflosigkeit der actio libera in causa proklamiert, mit besonderer Schärfe verlangt, daß die Überlegung bei der Ausführungshandlung vorhanden sein, sich nicht auf den Vorsatz zur Ausführung, sondern auf die Mittel der Ausführung beziehen müsse. In der Tat muß für den Zeitpunkt der Überlegung dasselbe gefordert werden wie für den des Vorsatzes. Bei Begehung der strafbaren Handlung muß der Täter das Vorhandensein der Tatumstände kennen, die zum gesetzlichen Tatbestand gehören (StGB. § 59), und mit Überlegung muß er die Handlung ausführen (§ 211) oder begehen (Ges. v. 17. II. 08), soll er deshalb bestraft werden. Ob schon die Herbeiführung des Zustandes, in dem sich der Täter befinden wird, wenn der Erfolg eintritt, einen Teil der Handlung bildet, von dieser Frage hängt es ab, ob eine actio libera in causa strafbar ist, und, ob es genügt, wenn in diesem Zeitpunkt eine Überlegung stattfindet. Die herrschende Meinung nimmt die Strafbarkeit der actio libera in causa an und begnügt sich, wenn die Handlung „überlegt" ist, gleichgültig, ob im letzten Akt der Handlung Überlegung vorhanden ist oder nicht. Diese Auffassung erscheint zutreffend. Wird eine Handlung so ausgeführt, wie sie überlegt war, so bildet die Überlegung, gleichviel, wann sie stattfand, schon einen Teil der Handlung. Daß die Überlegung allein noch nicht genügt, liegt daran, daß zur Bestrafung der Eintritt des Tatbestandes erforderlich ist, wie sich aus der Fassung der Strafbestimmungen des Strafgesetzbuchs ergibt. Tritt der Erfolg, die Verwirklichung des Tatbestandes ein, so bildet er mit allem, was der Täter vorher zur Herbeiführung des Erfolges getan hat, ein Ganzes, auch mit der Überlegung, die er vorher angestellt hat. Im Augenblick der Verwirklichung des Erfolges braucht keine Überlegung vorzuliegen, dennoch ist mit Überlegung gehandelt, die Tat mit Überlegung begangen.

Die besonderen Merkmale, die für die Bestrafung der Majestätsbeleidigung gefordert sind, lassen eine erhebliche Menge Beleidigungen straflos. Der Nachweis der Ehrverletzung, der Böswilligkeit und der Überlegung wird sogar, worauf zum Teil schon hingewiesen ist, recht schwer sein, wenn das erkennende Gericht einen sehr überzeugenden Beweis fordert [1]).

Auf die Schwere der Beleidigung kommt es nicht an, auch nicht darauf, ob der Beleidiger gewußt hat, der Vorwurf, den er erhebt, sei unwahr. Eine verleumderische Beleidigung im Sinne des Strafgesetzbuchs [2]) braucht weder böswillig zu sein, in dem Sinne, der in dieser Arbeit für das Wort ermittelt wurde, noch braucht sie mit Überlegung und um der Beleidigung willen zu geschehen.

---

6. Die Strafbarkeit der Majestätsbeleidigung nach dem vierzehnten Abschnitt des zweiten Teils.

Liegen die Voraussetzungen in der Person des Täters nicht vor, die das Gesetz vom 17. Februar 1908 (Absatz 2) fordert, so bleiben die Beleidigungen strafbar nach den Bestimmungen des Abschnitts 14 (Gesetz vom 17. Februar 1908, Absatz 5). Ob auch ohne die besondere Bestimmung des Gesetzes von 1908 die Bestrafung von Majestätsbeleidigungen nach den Vorschriften über die gemeine Beleidigung einzutreten hätte, kann zum mindesten sehr zweifelhaft sein. Man könnte auch schließen, die Maje-

---

[1]) Lieberich, Das Gesetz betreffend die Bestrafung der Majestätsbeleidigung in Zeitschrift für Rechtspflege in Bayern 4, 178 N. 29, weist mit Recht darauf hin, daß das Gesetz über die Presse vom 7. Mai 1874, § 20 keineswegs mit dem Vorsatz schon die Absichtlichkeit, Böswilligkeit und Überlegung des verantwortlichen Redakteurs vermutet.

[2]) § 187: Wer wider besseres Wissen in Beziehung auf einen anderen eine unwahre Tatsache behauptet oder verbreitet, welche denselben verächtlich zu machen oder in der öffentlichen Meinung herabzuwürdigen .... geeignet ist, wird wegen verleumderischer Beleidigung .... bestraft.

stätsbeleidigung sei straflos, wenn die besonderen Voraussetzungen in der Person des Täters nicht gegeben sind [1]).

Der Begriff der Beleidigung ist für den vierzehnten Abschnitt der allgemeine Beleidigungsbegriff. Doch ordnet der vierzehnte Abschnitt die Straflosigkeit gewisser Beleidigungen an. Die allgemeine Bestimmung des Paragraphen 185 — die Beleidigung wird bestraft .... — wird eingeschränkt durch die Bestimmung des Paragraphen 186. Diese gibt eine besondere Regelung für das Beleidigen durch ein Behaupten oder Verbreiten von Tatsachen in bezug auf einen andern, wenn diese Tatsachen geeignet sind, ihn verächtlich zu machen oder ihn in der öffentlichen Meinung herabzuwürdigen (richtiger gesagt, Behauptung von Tatsachen über einen andern oder Verbreiten solcher Behauptungen wenn diese geeignet sind, ihn verächtlich zu machen oder in der öffentlichen Meinung herabzuwürdigen). Der Zusammenhang der Sätze der Paragraphen 185 und 186 ergibt die Straflosigkeit von Beleidigungen, die in der Behauptung von Tatsachen bestehen, die erweislich wahr oder nicht geeignet sind, den Beleidigten verächtlich zu machen oder in der öffentlichen Meinung herabzuwürdigen. Ein Herabsetzen, das noch nicht verächtlich macht, noch nicht Verkehrung der Achtung in Verachtung ist, in einem geschlossenen Kreise von Menschen bleibt ohne Strafe. Die straflosen Tatsachenbehauptungen fallen zwar auch dem Wortlaut nach unter die allgemeine Strafdrohung des Paragraphen 185, der Satz des Paragraphen 186 begrenzt indessen den Satz des Paragraphen 185 durch einen Ausspruch über einen Einzelfall [2]).

[1]) Darum erscheint das Verfahren Olshausens, Kommentar zum Strafgesetzbuch für das Deutsche Reich I[8] — Berlin 1909 —, §§ 95, 97, 99, 101, Gesetzestext; § 95 Vorbemerkungen — S. 401 ff. — die Abschnitte 2—4 in den Wortlaut der §§ 95, 97, 99, 101 einzuarbeiten, Abschnitt 5 aber in diesem Gesetzestext nicht zu erwähnen, als bedenklich; er hätte dann beim Abschnitt 14 eine entsprechende Änderung des Gesetzeswortlauts vornehmen müssen, gibt aber hier nur einen Hinweis auf das Gesetz vom 17. Februar 1908 unter der Überschrift des Abschnitts und in den Anmerkungen (S. 729, 730). Man wird überhaupt zweifeln dürfen, ob es die Aufgabe eines Kommentars ist, der den Gesetzestext wiedergeben will, die Änderung eines Gesetzes, die ein neues Gesetz enthält, wenn dieses selbst den Wortlaut des alten nicht verändert, in den Wortlaut des alten Gesetzes hineinzuarbeiten.

[2]) Die Begriffe Grenzausspruch und Einzelfall (richtiger Ausspruch über einen Einzelfall) sind von Gutherz aufgestellt und erläutert (Beitrag zu einem System

Der Satz über die Straflosigkeit der nicht unter den § 186 fallenden Tatsachenbehauptungen ist per argumentum a contrario zu gewinnen. Er ist nicht gegeben, weil Paragraph 186 sonst keinen Sinn hätte — das Aufsuchen eines Sinnes, den das Gesetz haben muß, um vernünftig zu sein, ist nicht Aufgabe der Gesetzesauslegung — sondern er ist im Paragraphen 186 mittelbar ausgesprochen [1]), überdies auch nochmals für die Fälle der Wahrheit von Tatsachenbehauptungen im Paragraphen 192. An dieser Stelle ist wieder ein Einzelfall geregelt. Die Behauptung oder Verbreitung erweislich wahrer Tatsachen wird bestraft, wenn das Vorhandensein einer Beleidigung hervorgeht aus der Form der Verbreitung oder Behauptung oder aus den Umständen, unter welchen sie geschah.

Einen weiteren Grenzfall für die Bestrafung der Beleidigung setzt Paragraph 193, wieder zugleich mit einem Ausspruch über die Bestrafung in einem Einzelfall. Er ordnet die Straflosigkeit von tadelnden Urteilen über wissenschaftliche, künstlerische oder gewerbliche Leistungen und von Äußerungen, die zur Ausführung oder Verteidigung von Rechten oder zur Wahrnehmung berechtigter Interessen gemacht werden, von Vorhaltungen und Rügen der Vorgesetzten gegen ihre Untergebenen, dienstlichen Anzeigen und Urteilen eines Beamten und ähnlichen Fällen an, zugleich aber deren Bestrafung, wenn aus der Form der Äußerung oder den Umständen, unter welchen sie geschah, das Vorhandensein einer Beleidigung hervorgeht.

Bei den Arten von Mißachtensäußerungen, die durch die Paragraphen 186, 192, 193 für straflos erklärt werden, kann man sehr wohl in vielen Fällen, immer nämlich, wenn die Mißachtensäußerung nicht der Ausdruck der Achtung ist, die dem Mißachteten sonst da entgegengebracht wird, wo die Äußerung

der Gesetzestechnik in Schweizer. Zeitschr. f. Strafr. 20 — Bern 1907 —, 361; Studien zur Gesetzestechnik 2 — Breslau 1909 — 65).

[1]) Die Straflosigkeit der Tatsachenbehauptungen, die nicht unter den Paragraphen 186 fallen, wird allgemein angenommen Nur wird der Grund für die Straflosigkeit meist darin gefunden, daß Paragraph 185 seinem Wortlaut nach nicht alle Beleidigungen bestrafe, sondern nur die Beleidigungen durch den Ausdruck eines Werturteils. Das führt dann zu der Notwendigkeit, die Tätlichkeit des Paragraphen 185 mit gelindem Zwang als Äußerung eines Werturteils aufzufassen.

geschieht, von Beleidigungen sprechen, denen die Rechtswidrigkeit fehlt, die straflos sind, weil sie rechtmäßig sind. Sie werden strafbar, sobald sie mit einer weiteren, in ihnen allein nicht liegenden Mißachtensäußerung verbunden werden. Eine Mißachtensäußerung kann in mehr als einer Hinsicht der Achtung widersprechen, die der Mißachtete genießt, unter mehr als einem Gesichtspunkt beleidigend sein, mehr als eine Beleidigung enthalten. Das bleibt sonst unbeachtet, da nicht die einzelnen Elemente des Verhaltens bestraft werden, sondern das Verhalten als Ganzes; ist aber unter einem der Gesichtspunkte, unter denen das Verhalten beleidigend erscheint, die Beleidigung straflos, so werden die etwa sonst vorhandenen beleidigenden Bestandteile des Verhaltens selbständig beachtet und ihretwegen wird das Verhalten bestraft [1]).

Über den Beweis der Wahrheit einer Tatsachenbehauptung geben die Paragraphen 190 und 191 Regeln für den Fall, daß das Behauptete eine strafbare Handlung ist. Sie gelten bei den Personen, gegen die Majestätsbeleidigungen begangen werden können, nur soweit, als diese den Strafgesetzen unterworfen sind [2]). Dann ist der Beweis der Wahrheit ausgeschlossen gegenüber einem freisprechenden Urteil, gilt als geführt durch ein verurteilendes Erkenntnis; das Urteil über die Beleidigung darf nicht ergehen, bevor ein anhängiges Verfahren wegen der strafbaren Handlung durch einen Beschluß, daß eine Untersuchung nicht stattfindet,

---

[1]) Der Inhalt der §§ 185, 186, 192, 193 läßt sich zusammenfassen in die Sätze:

1. Die Beleidigung wird bestraft.....

2. Straflos ist die Behauptung von Tatsachen oder die Verbreitung solcher Behauptungen, falls das Behauptete erweislich wahr oder nicht geeignet ist, den, auf den es sich bezieht, verächtlich zu machen oder in der öffentlichen Meinung herabzuwürdigen.

3. Straflos sind tadelnde Urteile über wissenschaftliche, künstlerische oder gewerbliche Leistungen; Äußerungen, welche zur Ausführung oder Verteidigung von Rechten oder zur Wahrnehmung berechtigter Interessen gemacht werden; Vorhaltungen und Rügen der Vorgesetzten gegen ihre Untergebenen, dienstliche Anzeigen oder Urteile von Beamten und ähnliche Handlungen.

4. Die Bestrafung wegen Beleidigung tritt auch ein, wenn aus der Form der Äußerung oder den Umständen, unter welchen sie geschah, das Vorhandensein einer Beleidigung hervorgeht.

[2]) Über den Streit wegen der Stellung des Regenten vgl. v. Liszt, Lehrbuch des deutschen Strafrechts [16, 17] (Berlin 1908), 112 (§ 24 I 1) Note 2.

oder durch Beendigung der Untersuchung seinen Abschluß gefunden hat. Die strafprozeßrechtlichen Handlungen, durch die das Verfahren auf eine Anzeige von einer strafbaren Handlung (StPO. § 156[1])) beendet wird, sind hier nicht genau bezeichnet[2]). Der Beschluß, daß die Eröffnung der Untersuchung nicht stattfinde, kann die Verfügung der Staatsanwaltschaft über die Einstellung des Verfahrens (StPO. § 168 II) oder der Beschluß über die Verwerfung des Antrags auf gerichtliche Entscheidung über die Erhebung der öffentlichen Klage (§ 172) oder er kann der Gerichtsbeschluß sein, der die Eröffnung des Hauptverfahrens oder der Voruntersuchung ablehnt (§§ 178, 196, 202).

Auch die verleumderische Beleidigung (StGB. § 187) braucht, wie schon erwähnt ist, nicht mit Überlegung, böswillig und um der Beleidigung willen vorgenommen zu werden. Dann ist sie, gegen fürstliche Personen begangen, nach der allgemeinen Vorschrift über die verleumderische Beleidigung strafbar. Der verleumderischen Beleidigung wird die verleumderische Kreditgefährdung gleich behandelt. Die Kreditgefährdung enthält notwendig ein Element der Beleidigung im Sinne dieser Arbeit. Ob dieses Element freilich bei der Kreditgefährdung das ist, das sie kennzeichnet, ob nicht die Kreditgefährdung ohne Rücksicht auf ihren Bestandteil als Vergehen gegen die Ehre außerhalb des vierzehnten Abschnitts des Strafgesetzbuches behandelt zu werden verdiente, das ist eine andere Frage, deren Lösung dieser Arbeit nicht obliegt. Für die Bestrafung der Majestätsbeleidigung nach Abschnitt 5 des Gesetzes vom 17. Februar 1908 kommt der Bestandteil der Kreditgefährdung, der nicht Beleidigung ist, nicht in Betracht.

Die Beschimpfung des Andenkens eines Verstorbenen (StGB. § 189) kann als solche niemals Majestätsbeleidigung sein. Das Gesetz vom 17. Februar 1908 verweist zwar nur auf den Abschnitt 14 des Strafgesetzbuchs im ganzen, aber da die Vorschriften dieses Abschnitts nur auf die Beleidigung der im zweiten und dritten Abschnitt genannten Personen, nur auf Lebende also,

---

[1]) Strafprozeßordnung vom 1. Februar 1877. (Reichsgesetzblatt 1169 — 1877 — Berlin 1877 —, Nr. 8 S. 235 ff.).

[2]) Historisch zu erklären mit der Zeit der Entstehung des Strafgesetzbuchs und der Strafprozeßordnung.

angewendet werden sollen, ist auch nur auf die Vorschriften des Abschnitts 14 über Beleidigungen gegen lebende Personen verwiesen. Daß Beleidigungen an Toten zugleich Beleidigungen gegen Lebende sein können, ist in dieser Arbeit bereits erwähnt. Welche Bedeutung dieser begrifflichen Möglichkeit gegenüber die Vorschrift im Paragraphen 189 hat, wird noch zu untersuchen sein.

---

7. Die Rechtsfolgen der Majestätsbeleidigung.

Liegen die sämtlichen Tatbestandsmerkmale des Gesetzes vom 17. Februar 1908 vor, ist eine der in den Paragraphen 95, 97, 99 und 101 genannten Personen beleidigt, in der Absicht der Ehrverletzung, böswillig und mit Überlegung, so tritt die Bestrafung nach den Bestimmungen dieser Paragraphen ein.

Ist der Beleidigte der Kaiser, der Landesherr des Täters oder der Landesherr in dem Bundesstaate, in dem der Täter sich aufhält, so wird die Beleidigung mit Gefängnis oder Festung von 2 Monaten bis zu 5 Jahren bestraft. Neben einer Gefängnisstrafe kann auf Verlust der öffentlichen Ämter, die der Täter bekleidet, erkannt werden. Das Strafgesetzbuch erwähnt weiter, noch die Aberkennung der aus öffentlichen Wahlen hervorgegangenen Rechte. Das Gesetz vom 17. Februar 1908 hebt diese Anordnung des Strafgesetzbuchs nicht ausdrücklich auf. Da es aber die Verfolgung und Bestrafung des im Paragraphen 95 des Strafgesetzbuches bezeichneten Vergehens neu regelt (Absatz 1) und nur den Verlust der öffentlichen Ämter als zulässige Nebenstrafe erwähnt, gibt es in dieser Beziehung eine andere Begrenzung des staatlichen Strafrechts als das Strafgesetzbuch und geht diesem als das jüngere Gesetz beim Widerspruch zwischen beiden Gesetzen vor.

Ein Mitglied des landesherrlichen Hauses des Staates, dem der Täter angehört, oder des Staates, in dem er sich aufhält, oder den Regenten eines dieser Staaten oder den Landesfürsten eines anderen Bundesstaates zu beleidigen, wird mit Gefängnis oder mit Festungshaft von 1 Monat bis zu 3 Jahren, den Regenten eines anderen Bundesstaates zu beleidigen mit Gefängnis oder Festungshaft von 1 Woche bis zu 2 Jahren bestraft.

Beim Vorliegen mildernder Umstände kann in den Fällen, in denen nicht ohnehin eine Woche Gefängnis oder Festungshaft die Mindeststrafe ist, bis auf diese Strafe herabgegangen werden. Bei der Entscheidung, ob mildernde Umstände vorliegen, ist zu beachten, daß die an sich erschwerenden Umstände, die das Gesetz von 1908 verlangt, das Vorliegen mildernder Umstände nicht ausschließen.

Für die Bestrafung der Majestätsbeleidigungen nach dem fünften Absatz des Gesetzes von 1908 ergeben sich bemerkenswerte Eigentümlichkeiten. Die Paragraphen 185 und 186 stellen Gefängnisstrafen bis zu 1 Jahr, Haft und Geldstrafen bis zu 600 M. zur Wahl, der Paragraph 186 für den Fall, daß die Beleidigung öffentlich oder durch Verbreitung von Schriften, Abbildungen oder Darstellungen begangen worden ist, Gefängnis bis zu 2 Jahren und Geldstrafen bis zu 1500 M., der Paragraph 187 Gefängnis bis zu 2 Jahren, falls die Verleumdung öffentlich oder durch Verbreitung von Schriften, Abbildungen oder Darstellungen begangen wird, Gefängnisstrafen nicht unter 1 Monat, beim Vorliegen mildernder Umstände Gefängnis oder Geldstrafen bis zu 900 M.

Für die Fälle der Majestätsbeleidigung, in denen Absichtlichkeit, Böswilligkeit und Überlegung fehlen, also gewiß für eine leichtere Gruppe von Fällen, sind zwar in den meisten Fällen Geldstrafen und Haft zulässig, unzulässig aber ist die Verurteilung zur Festungshaft, die, soweit sie Vergehensstrafe ist (StGB. § I, II), leichter als Gefängnis ist [1]).

Das Fehlen der Absicht zu beleidigen, der Böswilligkeit und der Überlegung wird bei der Verleumdung allein noch nicht die Annahme mildernder Umstände rechtfertigen, da es erst die Geltung dieses Strafgesetzes herbeiführt. Nur, wenn noch weitere mildernde Umstände vorliegen, wird auf Gefängnis von weniger als 1 Monat oder auf Geldstrafe erkannt werden dürfen.

Im Falle der Paragraphen 186, 187 kann neben der Strafe auf eine Buße bis zu 6000 M. erkannt werden. Neben der Bestrafung wegen einer Beleidigung, die öffentlich oder durch Verbreitung

[1]) Für den Richter wird sich hier der Strafzumessungsgrundsatz ergeben, auf eine Freiheitsstrafe beim Fehlen der Absichtlichkeit, Böswilligkeit und Überlegung nur zu erkennen, wenn er, falls das fehlende Element gegeben wäre, auf Gefängnis, nicht auf Festung erkannt hätte.

von Schriften, Darstellungen oder Abbildungen begangen ist, kann dem Beleidigten die Befugnis zugesprochen werden, die Verurteilung auf Kosten des Schuldigen nach den Vorschriften des Paragraphen 200 [1]) öffentlich bekannt zu machen [2]). Der Beleidigte erhält auf Kosten des Schuldigen eine Urteilsausfertigung [3]).

Bei den Beleidigungen, die nach dem Abschnitt 14 zu bestrafen sind, kann der Beleidiger für straffrei erklärt werden, wenn es sich um wechselseitige Beleidigungen handelt [4]) [5]).

---

1) § 200 .... Die Art der Bekanntmachung sowie die Frist zu derselben ist in dem Urteile zu bestimmen.

Erfolgte die Beleidigung in einer Zeitung oder Zeitschrift, so ist der verfügende Teil des Urteils auf Antrag des Beleidigten durch die öffentlichen Blätter bekannt zu machen, und zwar wenn möglich durch dieselbe Zeitung oder Zeitschrift und in demselben Teile und mit derselben Schrift, wie der Abdruck der Beleidigung geschehen.

2) Über die Frage, ob Buße und Verpflichtung zur Veröffentlichung des Urteils Nebenstrafen sind oder Rechtsfolgen der Tat ohne Strafcharakter, ist Streit. Dafür spricht die Anordnung dieser Rechtsfolgen im Strafgesetzbuch. Doch dürfte entscheidend sein, daß die Verurteilung zur Buße oder zur Veröffentlichung dem Verletzten einen Anspruch gibt, nicht dem einzig zugelassenen Forderungsberechtigten aus einem subjektiven Strafrecht, dem Staat. Vgl. Graf zu Dohna, Die Stellung der Buße im reichsrechtlichen System des Immaterialgüterschutzes (Berlin 1902 — Abhandlungen des kriminalistischen Seminars der Universität Berlin, herausgegeben von v. Liszt, Neue Folge, Bd. 1 Heft 2 — auch: Berliner Inaugural-Dissertation, 1902), besonders S. 50 (§ 16); Derselbe, Die Privatgenugtuung in Vergleichende Darstellung des deutschen und ausländischen Strafrechts, Allgemeiner Teil, 1 (Berlin 1908), 252; Rosenfeld, Die Nebenklage des Reichsstrafprozesses (Berlin 1900), 174.

3) Ob diese Bestimmung für alle Beleidigungen oder nur für die öffentlichen gilt, ist streitig und aus dem Gesetz nicht mit Sicherheit zu entnehmen. Der Zusammenhang des Absatz 3 mit den Absätzen 1 und 2 des § 200 scheint dafür zu sprechen, daß nur bei öffentlichen Beleidigungen eine Urteilsausfertigung zu erteilen ist. So Frank, Das Strafgesetzbuch für das deutsche Reich 5-7 (Berlin 1908), § 200 III gegen die überwiegende Meinung.

4) StGB. § 199: Wenn eine Beleidigung auf der Stelle erwidert wird, so kann der Richter beide Beleidiger oder einen derselben für straffrei erklären.

5) Frank a. a. O Anhang B, IV (S. 648). Zweifelhaft Lieberich, Das Gesetz betreffend die Bestrafung der Majestätsbeleidigung vom 17. Februar 1908, in Zeitschrift für Rechtspflege in Bayern, 4 (München 1908), 177 N. 24. Anders Preiser, Zur Auslegung der Novelle über die Bestrafung der Majestätsbeleidigung, in Juristische Monatsschrift für Posen, West- und Ostpreußen und Pommern 11 (Posen 1908), 63.

8. Die Erfüllung mehrerer Tatbestände in einer Handlung.

Innerhalb der Beleidigung gegen Personen kann eine Gesetzeskonkurrenz (Idealkonkurrenz) nicht bestehen zwischen der Beleidigung des Paragraphen 186 und der des Paragraphen 185, also auch der Paragraphen 95, 97, 99, 101, die sich von der des Paragraphen 185 nur durch die Person des Beleidigten und die besonderen Erfordernisse in der Person des Beleidigers, nicht durch ein Element der Handlung selbst unterscheidet. Die Beleidigung durch Behauptung ehrenrühriger Tatsachen oder durch Verbreitung solcher Behauptungen ist nur ein Einzelfall der Beleidigung, der im allgemeinen straflos ist, wenn die Behauptung wahr ist. Die verleumderische Beleidigung wieder ist ein Einzelfall der Beleidigung durch Tatsachenbehauptung.

Innerhalb des Gesamttatbestandes der Beleidigung sind nach der Person des Beleidigten ausgezeichnet: die Majestätsbeleidigungen und die Beleidigungen von Regierenden und Gesandten auswärtiger Staaten (StGB. Teil II, Abschnitt 4); nach der Art der Beleidigung: die tätlichen und die öffentlichen Beleidigungen (mittels einer Tätlichkeit und öffentlich oder durch Verbreitung von Schriften, Abbildungen und Darstellungen begangen — §§ 186, 187 —) und die verleumderischen Beleidigungen.

Außerdem enthält das Gesetz besondere Bestimmungen über Beleidigungen an Personengesamtheiten, an Gott, an Toten und an Sachen; bei diesen Beleidigungen kommt es nicht darauf an, ob durch sie jemand beleidigt wird. Sie können aber zugleich Beleidigungen einer Person sein.

Alle diese ausgezeichneten Fälle der Beleidigung fordern mehr als den reinen Beleidigungstatbestand, der Beleidigungen gegen Personen und an anderen Gegenständen umfaßt. Die Tatbestandsmerkmale, durch die der allgemeine Beleidigungstatbestand eingeschränkt wird, schließen sich nicht gegenseitig aus. Es können also mehrere von ihnen in einer Handlung zusammentreffen. Die Gotteslästerung und die Beschimpfung von Religionsgesellschaften können freilich, da sie das Merkmal der öffentlichen Begehung[1]) enthalten, soweit aus einem allgemeineren Tatbestand der Einzelfall der öffentlichen Begehung ausgeschieden ist (§§ 186, 187), nur mit diesem Einzelfall zusammentreffen. Eine der in den Paragraphen 99 und 101 genannten Personen kann Landesherr eines nicht zum deutschen Reich gehörenden Staates oder Gesandter sein, eine der Personen, deren Beleidigung Majestätsbeleidigung ist, kann tätlich — dann muß der Tatbestand der Paragraphen 94, 96, 98 oder 100 gegeben sein — oder öffentlich oder verleumderisch beleidigt, durch eine Beleidigung an einer Sache, an einer Personengesamtheit, an einem Toten, an Gott[2]) getroffen werden. Dann ist jedesmal das Strafgesetz anzuwenden, das die schwerste Strafart oder die schwerste Strafe androht[3]).

Das schwerste Strafgesetz bilden sonst die Paragraphen 95, 97, 99, 101. Auch wo die Höchststrafe nicht höher ist als die des Paragraphen 101, hat dieses Gesetz doch die höhere Mindeststrafe. Nur die öffentliche Verleumdung ist schwerer zu bestrafen als die Majestätsbeleidigung[4]), der Paragraph 103 hat die gleiche Strafen wie der Paragraph 101, der Paragraph 166 eine schwerere als er.

Soweit die Majestätsbeleidigungen nach den Vorschriften des vierzehnten Abschnitts zu bestrafen sind, sind die tätlichen Beleidigungen des Paragraphen 185, die freilich stets als Tätlichkeiten nach den Paragraphen 94, 96, 98 oder 100 zu bestrafen sind, und die öffentlichen Beleidigungen des Paragraphen 186 unter-

---

[1]) StGB. § 166: Wer dadurch, daß er öffentlich Gott lästert, ein Ärgernis gibt, oder wer öffentlich eine .... Religionsgemeinschaften oder ihre Einrichtungen oder Gebräuche beschimpft, ... wird .... bestraft.

[2]) Eine Gotteslästerung kann Beleidigung sein, wenn etwa in Gegenwart eines als fromm bekannten, der in der Art geachtet wird, daß man seine Gefühle schont, gotteslästerliche Reden geäußert werden, oder wenn etwa Gott, weil er irgendwie seine Allmacht gebraucht oder zu gebrauchen unterlassen habe, in beschimpfenden Äußerungen als mitschuldiger der ehrenrührigen Handlung eines andern bezeichnet wird.

[3]) StGB. § 73: Wenn eine und dieselbe Handlung mehrere Strafgesetze verletzt, so kommt dasjenige Gesetz, welches die schwerste Strafe, und bei ungleichen Strafarten dasjenige Gesetz, welches die schwerste Strafart androht, zur Anwendung.

[4]) Vgl. Olshausen, Kommentar zum Strafgesetzbuch für das deutsche Reich[8] (Berlin 1909), § 95, 8 b (S. 405).

einander und mit den Vergehen der Paragraphen 103a und 135 gleich schwer und schwerer als die Vergehen der Paragraphen 104 und 189, zu bestrafen, während der Paragraph 166 die höhere Höchststrafe und die Paragraphen 103 und 168 die höhere Mindeststrafe enthalten. Die verleumderische Beleidigung (§ 187) hat schwerere Strafen als die sonstigen Beleidigungen, wenn sie öffentlich begangen ist, auch als das Vergehen des Paragraphen 166. Die Paragraphen 103, 104, 103a, 135, 166 und 168 enthalten schwerere Strafen als die der gemeinen Beleidigung.

9. Strafantrag und Ermächtigung zur Strafverfolgung.

Soweit nicht die Mitglieder des Herrscherhauses des Landes, in dem der Täter sich aufhält oder dem er angehört, oder der Kaiser beleidigt werden, ist die Verfolgung der in der Absicht der Ehrverletzung, böswillig und mit Überlegung begangenen Majestätsbeleidigungen von der Ermächtigung des Beleidigten, soweit Absichtlichkeit, Böswilligkeit und Überlegung fehlen, ist die Verfolgung vom Antrag des Beleidigten abhängig.

Das Fehlen des Strafantrags oder der Ermächtigung nimmt einer unter die Strafdrohungen fallenden Handlung nicht die Eigenschaft einer strafbaren Handlung. Strafantrag und Ermächtigung zur Strafverfolgung sind Prozeßvoraussetzungen, nicht Bedingungen der Strafbarkeit [1]).

---

[1]) v. Liszt, Lehrbuch des deutschen Strafrechts [16, 17] (Berlin 1908), 193 (§ 145 IV); Frank, Das Strafgesetzbuch für das deutsche Reich [5-7] (Berlin 1908), § 99 II (S. 189); Teil I, Abschnitt 4 VII, VIII (S. 107); Olshausen, Kommentar zum Strafgesetzbuch für das deutsche Reich [8] (Berlin 1909), § 99, 3a (S. 409), § 61, 1 (S. 277); Hausmann, Die Beleidigung gesetzgebender Versammlungen und politischer Körperschaften und die rechtliche Natur der Ermächtigung (München 1892), 109; Kitzinger, Zur Lehre von der Rechtswidrigkeit im Strafrecht, in Der Gerichtssaal 55 (Stuttgart 1894), 73; Glaser, Handbuch des Strafprozesses (Systematisches Handbuch der deutschen Rechtswissenschaft, herausgegeben von Binding, 9. Abteilung, 4. Teil) II (Leipzig 1885) 50; Bennecke und Beling, Lehrbuch des deutschen Strafprozeßrechts (Breslau 1900), 14; v. Kries, Lehrbuch des deutschen Strafprozeßrechts (Freiburg 1892), 465; Ullmann, Lehrbuch des deutschen Strafprozeßrechts (Lehrbücher des deutschen Rechts, herausgegeben von Seydel, Band II — München 1893), 263.

Über den Strafantrag enthalten das Strafgesetzbuch und die Strafprozeßordnung besondere Vorschriften. Er kann nur innerhalb von 3 Monaten seit dem Tage gestellt werden, an dem der zum Antrag Berechtigte von der Beleidigung und dem Beleidiger Kenntnis erlangt hat (StGB. § 61). Nur bei wechselseitigen Beleidigungen kann der Angeklagte bis zum Schluß der Verhandlung in erster Instanz gegen den von ihm Beleidigten noch Strafantrag stellen, verliert aber sein Antragsrecht zu dieser Zeit, auch wenn die Frist von 3 Monaten noch nicht abgelaufen ist. Der Strafantrag muß bei einem Gericht oder der Staatsanwaltschaft schriftlich oder zu Protokoll, oder bei einer andern Behörde schriftlich gestellt sein (StPO. § 156 II); ist gegen einen an der Straftat beteiligten Strafantrag gestellt, so werden alle Beteiligten (Mittäter und Teilnehmer) verfolgt (StGB. § 63); es brauchen nicht alle zum Strafantrag berechtigten Strafantrag zu stellen (StGB. § 62); bis zur Verkündung eines auf Strafe lautenden Urteils kann der Strafantrag zurückgenommen werden, die Zurücknahme gegen einen Beteiligten gilt als Zurücknahme gegen alle Beteiligten (StGB. §§ 64, 194). Ist eine Ehefrau beleidigt, so ist auch der Ehemann selbständig zum Strafantrag berufen (StGB. § 195); ist der Beleidigte noch nicht 18 Jahre alt, oder ist er geschäftsunfähig, so hat sein gesetzlicher Vertreter den Strafantrag; ein achtzehnjähriger ist selbständig berechtigt Strafantrag zu stellen, unabhängig von seinem Antragsrecht hat aber, solange der Beleidigte minderjährig ist, auch sein gesetzlicher Vertreter den Strafantrag (StGB. § 65) [1]).

Den Begriff Ermächtigung definiert das Gesetz nicht, es verbindet also mit ihn keine besondere juristische, von der allgemeinen abweichende Bedeutung. Eine Frist und eine Form sind für die Ermächtigung nicht vorgeschrieben [2]). Wie und wann sie ausgesprochen wird, ist darum gleichgiltig. Die Strafverfolgung richtet sich nicht gegen die Tat, sondern gegen den Täter.

---

[1]) Unter den in den Paragraphen 95, 97, 99, 101 genannten Personen sind viele nach den Verfassungen der deutschen Staaten und nach dem Privatfürstenrecht schon mit 18 Jahren volljährig.

[2]) v. Liszt, Lehrbuch des deutschen Strafrechts [16,17] (Berlin 1908), 193 (§ 154, IV) N. 5; Loewe, Die Strafprozeßordnung für das deutsche Reich, 11. Auflage, bearbeitet von Hellweg (Berlin 1904), § 156 N. 13 (S. 4 7).

Ist sie gegen einen Täter einer Tat zulässig, weil zu seiner Verfolgung die Ermächtigung erteilt ist, so muß sie gegen ihn durchgeführt werden, gleichviel ob andere Täter (Mittäter, Gehilfen) der gleichen Tat mitverfolgt werden können oder ob zu ihrer Verfolgung eine Ermächtigung fehlt. Für die Ermächtigung ist die Unteilbarkeit nicht vorgeschrieben [1]).

Mit dem Ausdruck Strafverfolgung könnte zweierlei bezeichnet sein.

Die Strafverfolgung scheint zunächst die Tätigkeit der Staatsanwaltschaft zu sein, des Organs zur Strafverfolgung, wie sie genannt wird. Dann würde die Tätigkeit der Staatsanwaltschaft erst beginnen dürfen, wenn die Ermächtigung zur Strafverfolgung erteilt oder der Strafantrag gestellt ist. Man würde selbst zweifeln dürfen, ob die Staatsanwaltschaft auch nur bei dem Verletzten anfragen dürfte, ob er die Ermächtigung zur Strafverfolgung erteilen wolle, denn auch hierbei würde die Staatsanwaltschaft als Strafverfolgungsbehörde, zum Zwecke der Herbeiführung der Bestrafung handeln.

Diese Auslegung des Wortes Strafverfolgung verbietet der Zusammenhang zwischen den Bestimmungen der Strafprozeßordnung über Verhaftung und vorläufige Festnahme mit den Bestimmungen über den Strafantrag. Wo das Strafgesetzbuch die Bestrafung vom Vorliegen einer Ermächtigung oder eines Antrags abhängig macht, drückt es das mit den Worten aus: die Verfolgung tritt nur mit Ermächtigung oder nur auf Antrag ein. Für Strafantrag und Ermächtigung muß deshalb das gleiche gelten. Auch ohne Strafantrag aber hat die Staatsanwaltschaft tätig zu werden. Die vorläufige Festnahme sowohl wie der Erlaß eines Haftbefehls sind von der Stellung des Strafantrags unabhängig. Das eine ist ausdrücklich gesagt[2]), das andere voraus-

---

[1]) Olshausen, Kommentar zum Strafgesetzbuch für das deutsche Reich [8] (Berlin 1909) § 99 3 c (S. 410); Frank, Das Strafgesetzbuch für das deutsche Reich 5-7 (Berlin 1908) § 99, II, 2 (S. 190); anderer Ansicht: Binding, Handbuch des Strafrechts (Systematisches Handbuch der deutschen Rechtswissenschaft, herausgegeben von Binding, 7. Abteilung, I. Teil) I. (Leipzig 1885), 636 N. 1.

[2]) StPO. § 127: .... Bei strafbaren Handlungen, deren Verfolgung nur auf Antrag eintritt, ist die vorläufige Festnahme von der Stellung eines Antrages nicht abhängig.

gesetzt[1]). Dabei handelt es sich nicht um Sondervorschriften für die Fälle, in denen der Strafantrag erforderlich ist. Denn gerade die Bestimmung über die Verhaftung vor dem Antrag auf Strafverfolgung ist nicht ausdrücklich gegeben. Es wird vielmehr vorausgesetzt, daß die Verhaftung vor der Stellung eines Strafantrags zulässig sei, also keinen Teil der Strafverfolgung bilde, die vom Strafantrag abhängig ist. Die besondere Vorschrift über die Zulässigkeit der vorläufigen Festnahme ohne Strafantrag ist darum überflüssig, ihr Fehlen für den Fall, daß eine Ermächtigung erforderlich ist, hindert die vorläufige Festnahme vor der Ermächtigung nicht[2]).

Dann kann mit der Strafverfolgung, die für die Fälle der Paragraphen 99 und 101 des Strafgesetzbuchs eine Ermächtigung oder für die Fälle des Abschnitts 14 einen Strafantrag erfordert, nur das Hauptverfahren gemeint sein[3]). (Gerade für dieses paßt freilich der Ausdruck Strafverfolgung besonders schlecht; gerade das Hauptverfahren ist nicht die Verfolgung eines Übeltäters, sondern der Rechtsstreit um das Recht auf Strafe oder Freisprechung.) Das Ermittelungsverfahren ist in der Tat, wenn auch die Vorschriften darüber sich in der Strafprozeßordnung befinden, noch

---

[1]) StPO. § 130: Wird wegen des Verdachts einer strafbaren Handlung, deren Verfolgung nur auf Antrag eintritt, ein Haftbefehl erlassen, bevor der Antrag gestellt ist, so ist der Antragsberechtigte .... sofort von dem Erlaß des Haftbefehls in Kenntnis zu setzen ....

Die Vorschrift, daß der Antragsberechtigte von dem Erlaß des Haftbefehls in Kenntnis zu setzen ist, falls der Haftbefehl ergeht, bevor der Strafantrag gestellt ist, wird übrigens auch zu beachten sein, wenn ein Haftbefehl ergeht, bevor die zur Strafverfolgung erforderliche Ermächtigung erteilt ist. Diese Vorschrift enthält nur eine Anweisung für die Organe der Strafrechtspflege, sie gibt weder dem Verletzten, noch dem Beschuldigten einen Anspruch. Den Organen der Strafrechtspflege aber liegt Sorgfalt bei ihrem Verhalten ob. Sie werden ihrer Pflicht zu sorgfältigem Verfahren auch dadurch zu genügen haben, daß sie die Frage, ob eine Ermächtigung erteilt wird oder nicht, ob also die Strafverfolgung möglich ist, so schnell herbeiführen, als es angeht. Dazu gehört die entsprechende Befolgung der Vorschrift StPO. § 130, Satz 1. — Loewe, Die Strafprozeßordnung für das deutsche Reich, 11. Auflage, bearbeitet von Hellweg (Berlin 1904) § 130, 4 (S. 415).

[2]) Loewe-Hellweg, a. a. O. § 127, 7 (S. 412): Die vorläufige Festnahme ist trotz Fehlens der Ermächtigung zulässig.

[3]) Strafprozeß im engsten Sinne — Birkmeyer, Deutsches Strafprozeßrecht (Berlin 1898), 7.

kein eigentlicher Strafprozeß. Seinem Wesen nach ist es eine innere Angelegenheit der Staatsanwaltschaft, deren Verfahren, sich zur Durchführung der Strafklage, zur Strafverfolgung in diesem Sinne, die Kenntnis von Tatsachen zu beschaffen und sich die Durchführung der Strafverfolgung zu sichern [1]). Auch soweit das Gesetz der Staatsanwaltschaft das Recht gibt, Zwangsmaßregeln zum Zwecke der Ermittelung oder der Sicherung der Strafverfolgung anzuwenden, und auch soweit die Zwangsmaßregeln nur unter richterlicher Mitwirkung zulässig sind, sind sie vorläufige Maßregeln, zu denen der Staatsanwaltschaft teils das Gesetz unmittelbar, teils kraft Gesetzes eine besondere richterliche Anordnung, eine einstweilige Verfügung, das Recht gibt; sie sind aber kein Teil des Verfahrens, das darauf abzielt, dem Täter ein Übel zuzufügen, ihn zu bestrafen; sie sind nicht Strafverfolgung in diesem Sinne. Die Rechtsfolge, die das Strafgesetz kennt, deren Verwirklichung von der Feststellung der Straftat und den sonstigen im Gesetz bezeichneten Bedingungen abhängt, ist allein die Strafe. Sie allein gilt im Strafrecht als Übel, das dem Übeltäter auferlegt wird. Nur, ob sie eintreten soll, wird von dem Strafantrag oder der Ermächtigung des Verletzten abhängig gemacht. Alle Lästigkeiten und Nachteile, die neben der Strafe im Strafverfahren liegen mögen, sind nicht Strafe, nicht Rechtsfolge der Straftat. Der, gegen den die Staatsanwaltschaft einzuschreiten für gut hält, muß sie sich gefallen lassen, gleichgiltig, ob er wirklich strafbar ist oder nicht. Es sind Eingriffe des Staats, die von der Straftat selbst unabhängig sind. Auch gegen diese, wie gegen andere Eingriffe der Staatsgewalt in die Interessen des einzelnen, sind freilich dem, gegen den die Tätigkeit der Staatsanwaltschaft sich richtet, gewisse Abwehrrechte gegeben. Dem Recht des Staats zu Eingriffen sind gesetzliche Schranken gezogen. Aber da die Eingriffe und Übel nicht Strafen sind, ist ihre Durchführung nicht wahre Strafverfolgung, nicht Straf-

---

[1]) v. Kries, Lehrbuch des deutschen Strafprozeßrechts (Freiburg 1892) 463: Das staatsanwaltliche Vorverfahren ist kein Verhältnis gegenseitiger Berechtigung und Verpflichtung zwischen den drei Prozeßsubjekten (Ankläger, Angeklagter, Gericht). Es liegt allein in der Hand der Staatsanwaltschaft.... Der Mangel einer Prozeßvoraussetzung kann unmöglich ein Verfahren als Ganzes unzuläßig machen, bei dessen Beginn man nichts weiß....

verfolgung in dem Sinne, in dem diese vom Strafantrag oder von der Ermächtigung des Verletzten abhängt. Wo die Feststellung des Strafanspruchs von einer solchen Mitwirkung des Verletzten abhängt, da hängt doch die von der Straftat selbst unabhängige Entfaltung der Staatsgewalt, die Ermittelung, mit allem, was zu ihr gehört, nicht von der Mitwirkung des Verletzten ab.

Daß im Gesetz die Worte Strafverfolgung und Durchführung des Hauptverfahrens gleichbedeutend sind, ergibt sich auch aus der Bestimmung über die Unteilbarkeit des Strafantrages (StGB. § 63). Hier heißt es, das „gerichtliche Verfahren" finde gegen sämtliche an einer strafbaren Handlung beteiligten statt, sobald gegen einen auf Bestrafung angetragen sei. Als gerichtliches Verfahren kann — abgesehen von der Voruntersuchung, deren Zulässigkeit beim Fehlen eines Strafantrages oder einer Ermächtigung noch zu erörtern sein wird — nur das Hauptverfahren nach Erhebung der öffentlichen Klage gelten. Das gerichtliche Verfahren des Paragraphen 63 des Strafgesetzbuches aber, das Verfahren, das von der Stellung des Strafantrags abhängig ist, ist die Strafverfolgung, die bei dem Ermächtigungsverbrechen von der Erteilung der Ermächtigung abhängt. Auch wo sonst das Gesetz von der Strafverfolgung spricht (bei den Regeln über die Verjährung — StGB. §§ 66, 67 — und über die Bestrafung der im Auslande begangenen Verbrechen und Vergehen — §§ 4, 5) hindert es vorläufige Maßregeln nicht. Nur wird, ob eine Handlung verjährt sei, meist schon festzustellen sein, wenn die Staatsanwaltschaft ihre Tätigkeit beginnt. Dann ist die Lage, die gleiche, wie wenn feststeht, daß die Ermächtigung nicht erteilt oder der Strafantrag nicht gestellt wird — die Staatsanwaltschaft hat zu weiterer Tätigkeit keinen Anlaß und ist nicht berechtigt, Eingriffe in den Rechtskreis eines Verdächtigen vorzunehmen.

Zweifelhaft ist es, ob die gerichtliche Voruntersuchung schon einen Teil der Strafverfolgung im Sinne der Bestimmungen über Strafantrag und Strafverfolgung darstellt. Ihr Charakter ergibt sich aus dem Gesetz nicht mit Klarheit. Sie dient zwar nur zur Vorbereitung der Entscheidung, ob das Hauptverfahren zu eröffnen sei (StPO. § 188). Aber ihre Voraussetzung bildet die Erhebung der öffentlichen Klage und die gerichtliche

Voruntersuchung und das Hauptverfahren werden unter der Bezeichnung gerichtliche Untersuchung zusammengefaßt (StPO. § 152). Man wird indessen dieser Zusammenfassung von Hauptverfahren und Voruntersuchung nicht allzu viel Bedeutung beizumessen haben. Als Rechtsstreit zwischen Ankläger und Angeklagtem ist die Voruntersuchung nicht eingerichtet. Sie hat mit dem Hauptverfahren, dem auf Herbeiführung der Bestrafung gerichteten, wesentlichen Teil des Strafprozesses nur gemein, daß diese ungenau als gerichtliche Untersuchung bezeichnet wird, während es sich um einen Rechtsstreit, einen Prozeß, nicht um eine Untersuchung handelt; daß ohne hinreichenden Grund die Entscheidung, ob das Verfahren einzustellen, oder Anklage zu erheben sei, dem Gericht überwiesen wird, obgleich sie der Staatsanwaltschaft zustehen sollte; und daß der Antrag auf gerichtliche Voruntersuchung ungenau als Klage, als prozeßbegründende Handlung also, bezeichnet wird, während ein wesentlicher Teil der Klage [1]), der Antrag auf Eröffnung des Hauptverfahrens, erst der Voruntersuchung folgt. Die Unklarheit des Gesetzes beruht auf der Unsicherheit in der Stellung der Strafprozeßordnung zu den theoretischen Grundfragen des Strafprozeßrechts. Der Grundgedanke, der der Strafprozeßordnung zugrunde liegt, ist der Gedanke des Anklageprozesses, der Trennung der Strafverfolgungstätigkeit der Staatsanwaltschaft von der Rechtsprechung in Strafsachen. Dieser Gedanke ist indessen nicht streng durchgeführt, dem Gericht werden Handlungen zugewiesen, die zur Strafverfolgung im Sinne der Anklagetätigkeit dienen. Doch nimmt das solchen Handlungen nicht die Eigenschaft von vorbereitenden Handlungen, die der Strafverfolgung im Sinne des Strafprozesses erst dienen, noch nicht einen Teil des Strafprozesses bilden, der in den Bestimmungen über Strafantrag und Ermächtigung Strafverfolgung genannt wird. Als Strafverfolgung in diesem Sinne, als eigentlicher Strafprozeß, als Verfahren zur Herbeiführung der Bestrafung, abhängig von dem Vorliegen sämtlicher Strafprozeßvoraussetzungen, erscheint erst das Hauptverfahren, auch die gerichtliche Voruntersuchung noch nicht.

[1]) Glaser, Handbuch des Strafprozesses. (Systematisches Handbuch der deutschen Rechtswissenschaft, herausgegeben von Binding, 9. Abteilung, 4. Teil.) II. (Leipzig 1885), 6.

Gerade freilich, daß die Voruntersuchung von der Erhebung der Klage abhängt und daß die öffentliche Klage zu erheben ist, wenn die angestellten Ermittelungen einen genügenden Anlaß zur Erhebung der öffentlichen Klage geben (StPO. § 168), macht es zweifelhaft, ob die Voruntersuchung stattfinden darf, wenn die Prozeßvoraussetzung der Stellung eines Strafantrags oder der Erteilung einer Ermächtigung noch fehlt [1]).

Mit aller Sicherheit wird es sich kaum sagen lassen, wieweit Handlungen zur Untersuchung des Falles ohne Strafantrag oder Ermächtigung nach dem Gesetz zulässig sind [2]).

[1]) v. Kries, Lehrbuch des deutschen Strafprozeßrechts (Freiburg 1892), 463. Dasselbe — vgl. S. 79 Note [1]) dieser Arbeit — gilt auch für die gerichtliche Voruntersuchung, da diese gleich dem staatsanwaltschaftlichen Vorverfahren der Ermittlung dient.

[2]) v. Kries, Die Prozeßvoraussetzungen des deutschen Reichsstrafprozesses in Zeitschrift für die gesamte Strafrechtswissenschaft, 5 (Berlin 1885), 11: Die Frage, wie weit der Staatsanwalt mit seiner Strafverfolgung ohne Einholung der Ermächtigung gehen darf, ist ..... zweifelhaft und auf Grund der vorhandenen gesetzlichen Bestimmungen wohl kaum mit voller Sicherheit zu entscheiden. Haelschner, Das gemeine deutsche Strafrecht, I (Bonn 1881), 722, will ein gerichtliches Verfahren beim Fehlen einer Ermächtigung (anders als beim Fehlen eines Strafantrages, 713) so weit stattfinden lassen, als es nötig ist, um festzustellen, ob ein ausreichender Grund zur Fortsetzung der Strafverfolgung vorhanden ist. Schon das hält Olshausen, Kommentar zum Strafgesetzbuch für das deutsche Reich [8] (Berlin 1909), § 99, 4 (S. 410) für zu weit gehend. Er will mit Rüdorff, Strafgesetzbuch für das deutsche Reich mit Kommentar, 4. Auflage, herausgegeben von Stenglein (Berlin 1892), § 99, 2 (S. 296), § 61, 13 (S. 239) nur vorläufige Maßregeln zulassen. Ebenso Loewe, Die Strafprozeßordnung für das deutsche Reich, 11. Auflage, bearbeitet von Hellweg (Berlin 1904) § 127, 7 (S. 412); vgl. 2. Buch Abschnitt 1, Note 15 (S. 452). Birkmeyer, Deutsches Strafprozeßrecht (Berlin 1898) 563 (§ 86 I 2): die Prozeßvoraussetzungen sind .... eigentlich Bedingungen für das giltige Zustandekommen der Hauptverhandlung. Allein es wäre offenbar zwecklos, in einer Strafsache auch nur eine Voruntersuchung zu eröffnen und durchzuführen, wenn bereits feststände, daß es wegen Mangels an Prozeßvoraussetzungen zu einem rechtsgültigen Hauptverfahren in dieser Sache doch nicht kommen kann. Deswegen hat unser Recht die Prozeßvoraussetzungen, soweit nicht eine Hebung ihres Mangels gerade durch die Voruntersuchung zu erwarten steht, schon für die Voruntersuchung erforderlich gemacht. Hausmann, Die Beleidigung gesetzgebender Versammlungen und die rechtliche Natur der Ermächtigung — München 1892 —, macht die Zulässigkeit der Klage — also auch der Voruntersuchung — vom Vorliegen der Ermächtigung abhängig (18 ff.). Ähnlich Herzberg, Ermächtigungsdelikte — Breslauer Inaugural-Dissertation 1904 — 14. Köhler, Die Lehre vom Strafantrag (Breslau 1899), will den Mangel einer Ermächtigung oder eines Strafantrags noch bis zum Urteil als heilbar ansehen (14; 172).

10. Privatklage und Nebenklage.

Soweit die Majestätsbeleidigung nach dem vierzehnten Abschnitt des Strafgesetzbuchs, also nur auf Antrag zu verfolgen ist, kann sie mit der Privatklage und, falls sie von Amts wegen verfolgt wird, außerdem mit der Nebenklage verfolgt werden (StPO. §§ 414, 435). Die Sühne muß erfolglos versucht sein (§ 420), ist auch der Beleidiger selbst beleidigt worden, so kann er Widerklage erheben (§ 428), jedoch nur, soweit der Beleidigte den Strafgesetzen und dem Strafprozeßrecht untersteht [1]). Fehlt das öffentliche Interesse an der Strafverfolgung, so ist die Erhebung der öffentlichen Klage von der Staatsanwaltschaft abzulehnen (§ 416).

11. Verjährung.

Die Strafverfolgung wegen absichtlicher, böswilliger und überlegter Majestätsbeleidigung verjährt in 6 Monaten (Gesetz vom 17. II. 1908, Abs. 4); ist die Majestätsbeleidigung nicht absichtlich, böswillig und überlegt begangen, so tritt die gewöhnliche, längere Verjährung ein. Die Fälle, denen gewisse erschwerende Momente fehlen, sind also länger verfolgbar, als die, in denen diese Momente enthalten sind. Ist die Verjährungsfrist des Gesetzes von 1908 abgelaufen, so darf die Verfolgung nur eintreten, wenn feststeht, daß Absichtlichkeit, Böswilligkeit und Überlegung nicht vorgelegen haben [2]).

Die Verjährungsfrist läuft auch, wenn Strafantrag oder Ermächtigung zur Strafverfolgung noch fehlen (StGB. § 69).

12. Ergebnis.

Diese Arbeit ist zu dem Ergebnis gekommen, daß der Tatbestand der Beleidigung, wie er den fürstlichen Personen der

[1]) Einführungsgesetz zum Gerichtsverfassungsgesetz vom 27. Januar 1877 (Reichsgesetzblatt Nr. 1164 — 1877 — Berlin 1877 — Nr. 4 — S. 77 ff.) § 5; Einführungsgesetz zur Strafprozeßordnung vom 1. Februar 1877 (Reichsgesetzblatt Nr. 1170 — 1877 — Berlin 1877 — Nr. 8 — S. 346 ff.).

[2]) Frank, Das Strafgesetzbuch für das deutsche Reich, 5-7 (Berlin 1908) Anhang B, IV (S. 648).

Paragraphen 95, 97, 99 und 101 gegenüber uneingeschränkt mit Strafe bedroht ist, sehr weit, wenig fest bestimmt, und durch die Bestimmungen des Gesetzes vom 17. Februar 1908 zwar recht erheblich, aber in gleichfalls wenig bestimmter Art eingeschränkt ist.

Ein Urteil über das Gesetz wollte diese Arbeit nicht geben; die dem Gesetz zugrunde liegenden Gedanken hat sie kaum aufsuchen, noch weniger prüfen wollen — sollte aber vielleicht der Versuch, den Inhalt der Worte zu erkennen, die das Gesetz gibt, zeigen, daß ihre Unbestimmtheiten weder klar die ihnen zugrunde liegenden Gedanken hervortreten lassen, noch deutlich machen, was das Gesetz auf Grund der ihm etwa zugrunde liegenden Gedanken mit seinen Sätzen unter Strafe stellt, so wird hierin vielleicht ein Hinweis liegen, daß es die Aufgabe einer Gesetzesänderung sein wird, gedanklich klar zu erfassen, was unter Strafe gestellt werden soll und dem Strafgesetzbuch dann eine technisch vollkomenere Fassung zu geben.

Wichtigste Spezialliteratur.

von Bar, Zur Lehre von den Beleidigungen, mit besonderer Rücksicht auf die Presse, in Der Gerichtssaal, 52 — Stuttgart 1896 — 81.

Bericht der XI. Kommission über den Entwurf eines Gesetzes betreffend die Bestrafung der Majestätsbeleidigung. (Anlagen zum stenographischen Bericht über die Verhandlungen des Reichstags, 12. Legislaturperiode I. Session, 1907/1908 Nr. 564.)

Binding, Die Ehre im Rechtssinn und ihre Verletzbarkeit. (Rektoratsreden an der Universität Leipzig am 31. Oktober 1890, II. Rede des antretenden Rektors. Leipzig 1890 — Buchausgabe, Leipzig 1892.)

van Calker, Die Majestätsbeleidigung in Vergleichende Darstellung des deutschen und ausländischen Strafrechts, Besonderer Teil I, (Berlin 1906), 91. — Hochverrat und Landesverrat. Majestätsbeleidigung. II. Abschnitt.

Doehn, Der Begriff der Majestätsbeleidigung und ihr Verhältnis zur gemeinen Beleidigung nach dem Reichsstrafgesetzbuch in Zeitschrift für die gesamte Strafrechtswissenschaft 21 (Berlin 1901), 468.

Entwurf eines Gesetzes betreffend die Bestrafung der Majestätsbeleidigung nebst Begründung. (Anlagen zum stenographischen Bericht über die Verhandlungen des Reichstags, 12. Legislaturperiode, I. Session, 1907/1908, Nr. 384 — abgedruckt in Zeitschrift für die gesamte Strafrechtswissenschaft 27 — Berlin 1907 — 735.)

Frederichs, Die Anwendung der allgemeinen Grundsätze über die Beleidigung speziell auf die Majestätsbeleidigung. (Greifswalder Inaugural-Dissertation 1897.)

Heine, Majestätsprozesse in Die neue Gesellschaft, 13. Jahrgang, Bd. 4, Nr. 6 (Berlin, 8. Mai 1907).

von Lilienthal, Die Beleidigung. II. Üble Nachrede und Verleumdung (§§ 186 und 187 RStrGB.), in Vergleichende Darstellung des deutschen und ausländischen Strafrechts, Besonderer Teil 4 (Berlin 1906), 375.

Derselbe, Über den Entwurf eines Gesetzes betreffend die Bestrafung der Majestätsbeleidigung, in Zeitschrift für die gesamte Strafrechtswissenschaft 27 (Berlin 1907), 905.

Liepmann, Die Beleidigung. I. Einfache Beleidigung (§ 185 RStrGB.), in Vergleichende Darstellung des deutschen und ausländischen Strafrechts, Besonderer Teil 4 (Berlin 1906), 217.

Kohler, Ehre und Beleidigung, in Archiv für Strafrecht und Strafprozeß, begründet durch Goltdammer, 47 (Berlin 1900), 1 ff., 98 ff.

Derselbe, Über Majestätsbeleidigung. In Der Tag (Berlin) 1907, Nr. 242.

Köhler, Das Gesetz vom 17. Februar 1908, in Blätter für Rechtsanwendung, begründet von Seuffert und Glück, 73 (Erlangen 1908).

Köstlin, Abhandlungen aus dem Strafrecht, nach des Verfassers Tode herausgegeben von Gessler (Tübingen 1858). I. Verbrechen gegen das vermittelte Dasein der Persönlichkeit, erste Unterabteilung, Verbrechen gegen ihr ideales Medium. Ehrverletzung. S. 1.

Lieberich, Das Gesetz betreffend die Bestrafung der Majestätsbeleidigung vom 17. Februar 1908. In Zeitschrift für Rechtspflege in Bayern, 4. Jahrgang (München 1908).

Meents, Die Majestätsbeleidigung in geschichtlicher und dogmatischer Beziehung. (Erlanger Inaugural-Dissertation 1894).

Preiser, Zur Auslegung der Novelle über die Bestrafung der Majestätsbeleidigung in Juristische Monatsschrift für Posen, West- und Ostpreußen und Pommern, 11 (Posen 1908).

Romen, Das neue Gesetz betreffend die Bestrafung der Majestätsbeleidigung, in Der Tag (Berlin), 1908, Nr. 49.

Tuteur, Die Majestätsbeleidigung des deutschen Reichsstrafgesetzbuches. (Würzburger Inaugural-Dissertation 1905.)

Weber, Über Injurien und Schmähschriften. 3 Bände, 4 (Leipzig 1820).

FSC
www.fsc.org
MIX
Papier | Fördert
gute Waldnutzung
FSC® C083411

Kolibri 360 GmbH
Ferdinand-Jühlke-Straße 7
99095 Erfurt, Deutschland
produktsicherheit@kolibri360.de